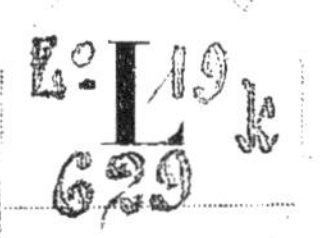

GOUVERNEMENT GÉNÉRAL DE L'INDOCHINE

RAPPORT

PRÉSENTÉ PAR M. GANNAY AU NOM DE LA COMMISSION DU BUDGET ET DES FINANCES DU GRAND CONSEIL DES INTÉRÊTS ÉCONOMIQUES ET FINANCIERS DE L'INDOCHINE.

(Session Ordinaire de 1929)

IMPRIMERIE MAC-DINH-TU

LE-VAN-TAN Succr

132 - 136, Rue du Coton. — Hanoi

1930

GOUVERNEMENT GÉNÉRAL DE L'INDOCHINE

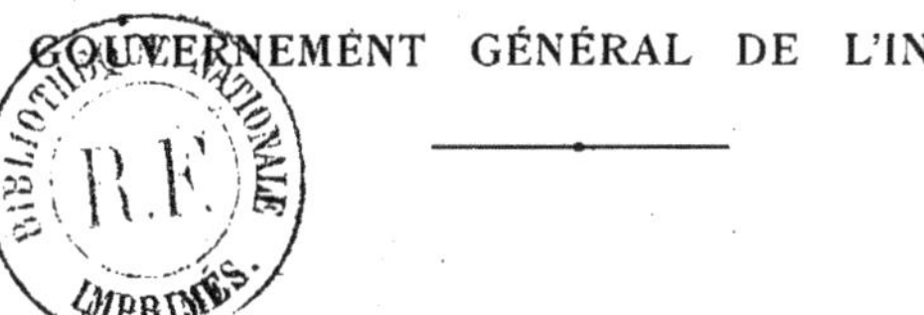

RAPPORT

PRÉSENTÉ PAR M. GANNAY AU NOM DE LA COMMISSION DU BUDGET ET DES FINANCES DU GRAND CONSEIL DES INTÉRÊTS ÉCONOMIQUES ET FINANCIERS DE L'INDOCHINE.

(SESSION ORDINAIRE DE 1929)

IMPRIMERIE MAC-DINH-TU

LE-VAN-TAN Succr

132 - 136, Rue du Cotou. — Hanoi

1930

RAPPORT GÉNÉRAL

DE LA COMMISSION DU BUDGET ET DES FINANCES

I. — Préambule

Messieurs,

En commençant ce Rapport, votre Rapporteur, bien qu'abordant des matières qui intéressent les finances de la Colonie, sollicite votre indulgence car il traitera des sujets particuliers qui ne lui sont pas familiers et il doit le faire comme la plupart d'entre nous, avec une préparation insuffisante.

Sans doute l'Administration a-t-elle facilité notre tâche en faisant préparer à notre intention et en plaçant entre nos mains, de nombreux documents : études méthodiques, exposés précis, comptes-rendus détaillés mais soit par l'effet de circonstances contraires, soit par celui d'anciens errements, cette masse de matières les plus diverses ne s'est trouvée sous les yeux du Grand Conseil qu'à la dernière heure.

Que cette remarque ne nous empêche pas de reconnaître l'effort accompli par les Services Administratifs et en particulier par la Direction des Finances et de l'Enregistrement : travail de préparation, travail de codification, travail de création en matière fiscale dont nous allons voir les grandes lignes se projeter devant nous.

Il serait éminemment regrettable cependant qu'un tel effort fût en partie stérile (à notre égard tout au moins) et que le Grand Conseil des Intérêts Economiques et Financiers de l'Indochine, dont la session est courte, ne puisse en tirer tout le parti qui convient dans un esprit à la fois constructif et critique.

Le présent Rapport après avoir traité du compte-rendu des opérations budgétaires de l'exercice 1928, abordera l'exposé des motifs du budget ou plan de campagne de 1930, traitera des projets fiscaux qui nous seront soumis et qui doivent influer sur les opérations budgétaires et terminera par l'examen du Budget pour l'exercice 1930.

De nombreuses Sous-Commissions, désignées par la Commission du Budget et des Finances pour étudier des questions spéciales et souvent ardues, ont fonctionné et c'est en s'appuyant sur leur travail que votre Rapporteur aborde son sujet.

Il lui est particulièrement agréable de remercier ses Collègues Français et Annamites de l'aide et du précieux concours qu'ils lui ont apportés.

II. — Budgets général et annexes — Exercice 1928

Généralités

L'étude du compte-rendu des opérations financières du Budget Général de l'Indochine et des budgets annexes pour l'exercice 1928 n'appelle qu'un rapide commentaire.

La comparaison des recettes réalisées avec les recettes prévues fait apparaître pour le Budget Général une plus-value d'un peu moins de 2°/₀. Ce faible pourcentage au cours d'une année de pleine activité — les chiffres du commerce extérieur de l'Indochine en pourraient témoigner — dénote l'insuffisance de nos ressources fiscales actuelles.

En analysant cette plus-value qui atteint $ 1.700.000 on constate des augmentations sensibles sur la taxe de consommation des alcools européens et indigènes, sur la taxe de consommation des huiles minérales et sur la taxe de circulation des tabacs.

L'augmentation de ce dernier poste est de 21°/₀ ; résultat remarquable dû à un accroissement de la matière imposable et aussi à une surveillance plus active. Nous pouvons classer la taxe sur les tabacs parmi celui de nos impôts indirects qui présente le plus d'élasticité.

Le taux adopté pour les postes du Budget Général exprimé en francs avait été de 10 francs alors que le taux moyen d'exécution a été de 12 francs 609. La répartition des recettes et des dépenses francs est telle que le résultat fiscal de l'exercice ne pouvait être profondément affecté par l'écart considérable entre ces deux taux.

Tout compte fait, l'excédent des recettes sur les dépenses s'inscrit à $ 1.597.953 — somme minime dans le mouvement de compte du Budget Général, conséquence de la modicité déjà signalée de la plus-value enregistrée en fin d'exercice et du rendement inférieur de plusieurs taxes, tout particulièrement de la « taxe générale intérieure de 2°/₀ ».

Cette taxe perçue pour la 1ʳᵉ fois sur une période de 12 mois est restée en deça des prévisions à concurrence de $ 900.000 environ. Elle s'avère d'application difficile, inférieure aux rendements escomptés et il est impossible de la percevoir équitablement dans tous les domaines de la production.

Les recouvrements en 1928 accusent par rapport à ceux de 1926 une progression de 17°/₀ qui se retrouve à peu de choses près dans les dépenses.

Signalons toutefois que par suite des variations de la devise indochinoise, l'examen des résultats budgétaires risque, pris en soi, de conduire à des conclusions inexactes. L'augmentation des prix et du coût de la vie qui suit, avec plus ou moins de retard, la dépréciation de l'unité monétaire tend inéluctablement à majorer les chiffres du Budget en dehors de l'accroissement normal qu'entraîne le développement de l'Indochine.

A un autre point de vue, nous tenons à signaler l'importance relative des travaux neufs dans le Budget sous examen : Grands travaux neufs (Chemin de fer, Hydraulique agricole et navigation), travaux neufs (Routes Ponts et Pistes, Bâtiments Civils) etc... dans le total des dépenses effectuées. Ces travaux ont été portés pour quelque : $ 12.500.000, soit 14°/₀ des paiements.

Nous aimerions à conclure si notre étude portait sur une plus longue période que, d'année en année, l'Indochine augmente son outillage et son équipement et que l'effort supplémentaire qu'elle fournit est intégralement employé à cet effet.

Mais les progrès réalisés sont bien insuffisants puisqu'ils sont conditionnés — tel a été le cas en 1928, tel est le cas en 1929 — par les possibilités fiscales dont la limite est vite atteinte si on les envisage sur la courte période d'un exercice.

Au titre 111 des dépenses ordinaires, les subventions à divers budgets indochinois figurent pour :

Subventions aux budgets annexes. . . . . $ 416.500
»   »   »   locaux & municipaux . .   12.885.275
»   »   »   autonomes. 420.406
soit un total de . . . . $ 13.722.181

qui illustre une fois de plus la méthode suivie à peu près constamment par le Gouvernement Général de l'Indochine de participer aux dépenses des divers pays de l'Union indochinoise par un versement forfaitaire alors qu'un aménagement plus rationnel de l'impôt permettrait, en bien des cas, d'opérer autrement.

Nous voyons que la Cochinchine et le Laos, à 10% près, ont reçu la même subvention : $ 2.300.000 — pour la Cochinchine, $ 2.103.430 — pour le Laos. Le Tonkin et l'Annam, à 5% près, sont sur le même pied : $ 3.786.214 — pour le Tonkin, $ 3.605.000 — pour l'Annam. Ces rapprochements sont du reste arbitraires. Les subventions sont elles-mêmes variables car il faut poser qu'elles doivent être en fonction des besoins des pays qui en bénéficient, mais elles se révèlent parfois insuffisantes car elles dépendent des possibilités du Budget Général et elles sont souvent critiquées car elles découlent de décisions unilatérales.

Votre Commission, Messieurs, reconnaît sans hésitation qu'il est nécessaire que le Budget Général qui concrétise, au point de vue fiscal, l'intérêt de tous, participe aux dépenses des pays de l'Union qui se trouvent, temporairement peut-être moins favorisés que d'autres, qu'il s'agisse de la richesse de leur sol, de leur sous-sol, de leur développement économique ou encore et surtout des besoins de leur population.

Si cet esprit indochinois doit se manifester librement, c'est à coup sûr au sein de notre Assemblée.

Au moment où un effort raisonné est accompli par l'Administration pour mieux adapter notre régime fiscal à nos besoins, ce serait peut-être indûment augmenter la complexité des problèmes à résoudre que de s'élever « à priori » contre le système si commode des subventions aux Budgets locaux, mais nous le tenons pour critiquable.

S'il facilite le contrôle de l'Administration centrale, il fausse aussi la physionomie des budgets. Nul lien direct ne le rattache au rendement des impôts perçus et à l'évolution des unités administratives et géographiques de l'Indochine.

Points particuliers

La sous-commission composée de MM. De la CHEVROTIÈRE, LAMBERT et LE-QUANG-LIEM qui s'est réunie le 23 Octobre a constaté l'exécution normale du Budget de l'exercice 1928 mais elle a relevé les deux points ci-après:

Le crédit primitif de $ 40.000 — au chapitre XIV (Missions, présents diplomatiques et frais de réceptions extraordinaires) a été porté en cours d'exercice à: $ 185.000 — ce qui indiquerait au départ une prévision grossièrement insuffisante.

Mais ce crédit vise des dépenses en partie imprévisibles et les sollicitations dont l'Administration est l'objet ne l'incitent pas à faire état de prévisions basées par exemple sur la moyenne des trois derniers exercices.

Au chapitre 65 (Agence Economique) la sous-commission a signalé un crédit de $ 341.000. porté ensuite à $ 365.000 sur lesquelles $ 65.000 seulement furent utilisées.

Les $ 300.000 disponibles ont été virées à d'autres chapitres, avec l'assentiment de la Commission Permanente du Grand Conseil et $ 250.000 sont passées des dépenses ordinaires aux dépenses extraordinaires (Chapitre 99 Expositions).

La procédure a été régulière. Elle est conforme à celle qui serait à être suivie aujourd'hui si un cas analogue se présentait car aux termes de l'article 29, 3ᵉ alinéa du Décret du 4 novembre 1928 « la Commission Permanente (du Grand Conseil) devra être consultée sur toute modification apportée à la répartition des crédits du Budget Général et des Budgets annexes ».

Nous croyons cependant, Messieurs, que de tels virements restent regrettables. Ils tendent à obscurcir l'exécution des budgets sur lesquels nous sommes consultés et la présentation de leurs résultats qui nous est soumise.

III. — Compte Administratif du Budget de Kouang-Tchéou-Wan .— Exercice 1928

« Votre Sous-Commission ayant examiné le compte-rendu des opérations financières de Kouang-Tchéou-Wan a noté que le budget de 1928 fut arrêté en dépenses et recettes à 680.000$00.

Les recettes réalisées furent de 680.275$81 et les dépenses liquidées s'élevaient à 637.165$52, d'où un reliquat de 43.110$29.

Les ressources propres de Kouang-Tchéou-Wan sont infimes et s'élèvent à peine à 262.375$08.

Le Budget Général accorde une subvention de 416.850$.

Le complément a été fourni par des recettes d'exercice clos de 1.050$73.

Kouang-Tchéou-Wan ne vit que grâce aux largesses du Budget Général.

Ceci souligné, il n'y a aucune remarque à faire sur l'exécution du budget et votre sous-commission vous propose de donner au compte-rendu des opérations financières votre approbation. »

IV. — Compte administratif du Budget annexe
des Chemins de fer — Exercice 1928

« Votre Sous-Commission ayant examiné le compte-rendu des opérations financières des Chemins de fer pour l'exercice 1928 a constaté que le budget des Chemins de fer de l'exercice 1928 fut arrêté en recettes et en dépenses à 4.407.000$00.

L'exécution de ce budget a produit :

en recettes	4.950.916$37
en dépenses	4.350.605, 67
Soit un bénéfice de	600.310$70

Les trois années précédentes n'avaient donné que les bénéfices suivants

1925	341.163$77
1926	420.888, 43
1927	365.531, 16

L'augmentation du chiffre des bénéfices est due à l'exploitation durant la totalité de l'exercice de nouvelles sections de lignes qui a occasionné un trafic plus intense sur l'ensemble des réseaux.

Si on considère exclusivement les dépenses d'exploitation et les recettes effectuées, le réseau Nord a obtenu un bénéfice de 680.486$26, tandis que le réseau Sud a subi une perte de 14.253$37.

Ces résultats notés, votre Sous-Commission vous demande d'approuver le compte administratif des Chemins de fer pour l'exercice 1928».

V. — Projet du Budget Général — Exercice 1930

I. – Exposé des motifs

Il n'y a pas lieu de reprendre en détail l'exposé des motifs, à la fois complet et sincère, qui a été présenté au Grand Conseil à l'appui du Projet du Budget Général pour l'exercice 1930.

L'exposé constate que l'augmentation des recettes et des dépenses ordinaires a été de 33% environ depuis 1922 mais pendant ce laps de temps la Caisse de réserve du Budget Général a été appauvrie de $ 26.000.000 tant et si bien que son renforcement systématique s'impose aujourd'hui à la vigilance du Gouvernement Général.

Cette politique serait encore plus critiquable si les saignées faites à la Caisse n'avaient le plus souvent servi au règlement de grands travaux d'intérêt général, mais c'est une solution paresseuse des difficultés budgétaires. En s'y résignant, l'Administration a sacrifié l'avenir au présent et retardé jusqu'en 1927 l'effort de redressement fiscal que l'Indochine devrait s'imposer.

Cet effort a été entamé avec l'établissement de la taxe générale intérieure de 2% dont nous avons déjà parlé et qui a donné lieu à de sérieux mécomptes. Il sera poursuivi au cours du prochain exercice avec la mise en vigueur d'une taxe spéciale sur les Sociétés établies en Indochine — conçue sur le plan de la taxe métropolitaine mais singulièrement plus légère dans le cas des Sociétés qui échappent au fisc français.

Tout considéré cependant, si l'on tient compte des dégrèvements proposés, la charge budgétaire du contribuable indochinois reste sensiblement la même mais il est hors de doute que l'Administration escompte un meilleur rendement des taxes existantes grâce à un aménagement nouveau, à une surveillance plus efficace et à des contrôles plus sévères.

Dans cet ordre d'idées nous pouvons accueillir avec satisfaction la codification des taxes sur l'enregistrement, le timbre et les valeurs mobilières. Il convient en effet de tirer parti des impôts existants avant d'en envisager de nouveaux.

Nous retenons toutefois des constatations dont s'illustre l'exposé des motifs que dans le système fiscal actuel de l'Indochine, toutes les taxes sont loin de présenter la même productivité et la même élasticité.

Abstraction faite des droits de douane qui participent à la fois d'un caractère fiscal mais surtout d'un caractère de protection en faveur de l'industrie française ; les régies et les impôts directs paraissent, dans leurs formes actuelles, avoir atteint des plafonds qui ne laissent pas de place aux plus-values.

Il en va différemment des impôts de consommation et des taxes sur les transactions qui suivent une progression parallèle au développement du pays.

L'appui des Services de l'Enregistrement au Budget Général est aujourd'hui de 14°/₀ de ses recettes, résultat d'autant plus remarquable que les frais de perception des impôts dont la rentrée est confiée à ce Service, tomberont en 1930 à moins de 6°/₀.

Les ressources tirées des régies (opium, alcool et sel) sont stationnaires, alors que les impôts divers sur la consommation perçus au compte du Budget Général accusent des plus-values intéressantes.

Mais on est frappé de l'importance considérable et à peu près constante que les recettes nettes des Douanes et Régies occupent dans l'ensemble du Budget Général et qui, depuis 8 ans, varie entre 84,5 et 86,6°/₀.

Il serait inexact d'en conclure que les 4 grandes catégories de ressources qu'apporte le Service des Douanes et Régies : droits de douane impôt de consommation, produits des régies, taxe générale intérieure sont affectées de coefficients trop élevés, exception faite pour la dernière catégorie.

Nous y voyons seulement un défaut d'équilibre qui provient du développement insuffisant des autres impôts, dont le nombre est restreint et dont la base reste étroite.

Ces impôts qui rentrent le plus souvent dans la clause des impôts directs ne peuvent être de grand rendement parce qu'ils n'atteignent qu'une minorité, tel l'impôt sur les successions auquel seuls les Européens et les Asiatiques étrangers sont assujettis ; tel l'impôt personnel gradué, malgré son tarif très modéré et pour là même raison ; tel mais à moindre degré, l'impôt foncier qui ne tient pas toujours compte de l'enrichissement très réel des campagnes.

Notre système fiscal s'avère aussi insuffisant et pour reprendre les termes mêmes de l'exposé des motits, il repose " sur une base vraiment trop étroite".

Il importe de le dire et de le constater au moment où l'Indochine s'apprête à recourir à l'emprunt pour réaliser un vaste programme de travaux d'utilité générale trop longtemps attendu, trop souvent remanié, trop souvent reporté. La réalisation en plusieurs tranches d'emprunts nouveaux entraînera pour le contribuable indochinois une aggravation de charges dont l'effet se fera fatalement sentir avant que les avantages que la communauté retirera du point de vue fiscal de ces travaux, ne commencent à apparaître. D'où nécessité plus impérieuse encore d'élargir la base de nos impôts et d'entamer une réforme fiscale qui ne sera vraiment productive des larges plus-values dont l'Admi.istration proclame a nécessité, qu'après plusieurs années.

Ce rapide résumé doit aussi faire mention des charges extra-budgétaires qui grèveront les prochains exercices : reconstitution des fonds de roulement, d'approvisionnement etc... des exploitations à caractère industriel de la Colonie (Régies fiscales — chemins de fer) exécution du programme de mise en défense de l'Indochine entrepris depuis 1927, frais de partici.ation à l'Exposition coloniale de 1931.

Les débours du chef de ce dernier poste paraissent excessivement lourds et le Grand Conseil exprimera certainement le désir que les prévisions largement faites et qui sont de l'ordre de grandeur de $ 2.000 000 pour chacun des deux exercices 1930 et 1931 ne soient en aucun cas dépassées pour quelque cause que ce soit.

Depuis 1921 le total des dépenses réelles des Budgets locaux accusent les augmentations suivantes :

		1921	1928	
Cochinchine	$	12.144 706	19.662.462	— 69%
Tonkin	$	14.087.792	18.684.792	— 32%
Cambodge	$	7.591.170	12.323.265	— 62%
Annam	$	7.086.699	10.368.488	— 46%
Laos	$	2.460 991	3.744.136	— 52%

L'exposé des motifs reconnaît sans détours que les ressources propres de ces budgets, constituées par les impôts directs et les produits du Domaine, c'est-à-dire pour partie appréciable par des aliénations, se sont revélées notoirement insuffisantes.

En fait la situation des budgets locaux est éminemment précaire et, n'était l'intervention du Budget Général pour ravitailler leur trésorerie, pour combler le décalage entre leurs recettes et leurs dépenses, on verrait en cours d'exercice les pays de l'Union, depuis la plantureuse Cochinchine jusqu'au Laos, à la population clairsemée, incapables de faire face à leurs engagements.

Aussi le Budget Général consacrera-t-il en 1930 15% de ses recettes pour redresser la situation déficitaire des divers budgets locaux, soit $ 15.203.700.

Nous avons dit plus haut ce qu'il fallait penser de ce système facheux dont on ne peut concevoir la disparition que le jour où le développement de la matière imposable permettra au Budget Général d'abandonner aux divers pays de l'Union sur les recouvrements effectués sur leur territoire, une quote-part comparable à leurs besoins.

Les subventions ce jour-là reprendront leur caractère exceptionnel et répondront à un but mieux déterminé.

Le projet du Budget Général de l'Indochine pour 1930 réserve une large part à l'exécution de grands travaux et s'engage définitivement dans la voie de l'emprunt.

Au titre principalement des chemins de fer, de l'hydraulique agricole, des postes, télégraphes et téléphones, des dépenses importantes sont prévues et alimentées par les ressources ordinaires du Budget Général, au total $ 14.481.520 contre $ 12.715.000 en 1929.

L'opération éventuelle d'emprunt qu'envisage l'Indochine qui sera incessamment soumise au Parlement bénéficiera de deux avantages: d'une part, la garantie de l'Etat français doit être donnée au futur emprunt intercolonial, d'autre part, l'emprunt sera exempt de l'impôt métropolitain de 18% sur le revenu des valeurs mobilières.

Ce sont deux avantages dont il convient de féliciter notre Administration et qu'il est légitime d'opposer aux sacrifices et charges multiples que l'Indochine a supportés arbitrairement le plus souvent du fait et pour compte de la Métropole dans le cas des pensions des militaires et marins indigènes et dans le cas des abondements de soldes et de retraites.

Il n'entre pas dans le cadre de notre rapport de faire un exposé de la situation économique et financière en Indochine mais notre exposé contiendrait une grave lacune s'il ne faisait mention des conditions monétaires dans lesquelles se prépare et s'exécute le Budget Général de la Colonie.

Elargissant le débat, nous pourrions démontrer comment les fluctuations du franc français et de la piastre indochinoise ont tour à tour menacé l'équilibre de nos budgets et compromis l'économie générale de ce pays. De ces deux éléments si préjudiciables à la fixité de notre devise, l'un d'eux a heureusement cessé de jouer depuis la loi du 25 Juin 1928 qui a fixé la nouvelle définition légale du franc.

Mais la piastre indochinoise dont la valeur intrinsèque reste liée à l'argent fin, est influencée par les cours du métal blanc et subit tous les effets de leur baisse progressive et ininterrompue depuis 18 mois.

Nous ressentons à la fois les inconvénients de l'incertitude des taux et de la dévalorisation de notre monnaie avec toutes les conséquences qu'un tel état de choses entraîne dans l'échelle des prix et des valeurs.

Votre commission, Messieurs, se doit à l'occasion de l'étude du Budget Général de l'Indochine et à la suite de vœux fortement motivés déposés dans d'autres Assemblées, d'enregistrer l'opinion unanime de tous ses membres.

Ceux-ci considèrent que le problème de la stabilisation de la piastre doit non seulement retenir l'attention des pouvoirs publics mais recevoir une solution.

Votre Rapporteur vous demande de reproduire ici la déclaration qu'il a apportée devant votre commission quand cette importante question a été soulevée une fois de plus.

« Une monnaie fixe et représentative d'un poids d'or constant fait partie de l'armature économique d'un pays ».

Elle est indispensable à l'établissement d'un budget. Elle s'avère nécessaire au moment où de larges emprunts exprimés en or doivent être contractés.

Nous savons que nos préoccupations à ce sujet sont celles du Gouverneur Général de l'Indochine.

Nous considérons que la stabilisation sera un progrès et nous demandons que ce progrès soit réalisé aussitôt que les circonstances le permettront.

II. — *Projets fiscaux*

Projets d'arrêtés relatifs :

a — à la taxe générale intérieure ;

b — à une taxe spéciale sur les sociétés établies en Indochine ;

c — aux taxes de transmission et sur le revenu des valeurs mobilières.

Votre Commission, Messieurs, a décidé d'examiner ces trois projets en même temps, non pas parce qu'il existe entre eux un lien direct mais parce qu'ils forment un tout dans les propositions soumises par le Gouvernement Général de l'Indochine à notre délibération.

Parmi ces trois projets :
le premier projet d'arrêté remaniant la taxe générale intérieure apporte des dégrèvements d'impôt ;

le second projet d'arrêté créant une taxe spéciale sur les sociétés établies en Indochine institue un impôt nouveau qui frappera toutes les sociétés;

le troisième projet d'arrêté réduisant les tarifs des taxes de transmission et sur le revenu des valeurs mobilières, comporte des modérations d'impôt au bénéfice des sociétés dont le siège social est en Indochine.

Soucieuse de maintenir l'équilibre budgétaire, l'Administration a cherché à balancer les charges nouvelles qu'elle se propose d'imposer au contribuable avec les avantages qu'elle lui offre.

Mais il n'y a pas parité stricte car si tous sont appelés à bénéficier de la réduction de la taxe générale intérieure, c'est dans une mesure fort inégale et si les Sociétés sont sans exception appelées à concourir au paiement de la taxe spéciale, la situation des unes et des autres restera bien différente.

Sous bénéfice de cette observation, votre Commission ayant renoncé à s'opposer aux projets de l'Administration au nom d'une égalité fiscale qui n'est que trop souvent théorique a noté les points particuliers qui vont suivre sur lesquels elle s'est trouvée d'accord avec M. le Directeur des Finances.

A. — Projet d'arrêté relatif à la taxe générale intérieure

Les défauts et les inconvénients de la taxe instituée par le Décret du 21 avril 1927 ne sont plus à démontrer et personne n'a pris sa défense. De l'avis unanime, la taxe devrait disparaître dès que la situation budgétaire le permettra et probablement par paliers jusqu'à extinction complète.

Il convient donc d'approuver sa réduction de 2º/₀ à 1,50º/₀ et nous sommes d'avis qu'il serait souhaitable d'abandonner sa perception à la production en raison des difficultés insurmontables que l'Administration rencontre pour l'asseoir et pour la percevoir et des inégalités flagrantes qui accompagnent, dans l'état actuel des choses, toute taxe à la production.

Un conseiller a signalé à cette occasion qu'au Tonkin la taxe générale intérieure est perçue pour certains produits du cru sur états collectifs et pour des montants dérisoires, si l'on considère leur nature. C'est reconnaître que de larges dégrèvements à la base ont dès le départ été nécessaires et que dans la sélection des produits taxés et des produits libres, il règne inévitablement beaucoup d'arbitraire.

Cependant, à cause précisément des difficultés qu'elle rencontrait et dont elle n'avait pu triompher, l'Administration, après entente avec les intéressés, nommément avec l'association des Mines, a modifié l'assiette et les modalités de la taxe générale intérieure sur les produits miniers.

Tel a été l'objet du décret du 11 Juillet 1928 dont M. le Conseiller MARCHEIX nous a parlé à maintes reprises, qui a remanié l'impôt à l'extraction, en y incorporant la taxe de 2% créée par l'arrêté du 8 Avril 1927.

Il est donc strictement équitable au moment où le taux de cette taxe va tomber à 1.50% et où l'on envisage son abandon à la production, que l'on tienne compte à l'industrie minière du nouvel état de choses.

Votre Commission a demandé, en conséquence, que les tarifs de la taxe minière instituée le 12 Juillet 1928 soient revisés pour tenir un compte exact à cette industrie des modérations apportées à la taxe générale intérieure et éventuellement de sa suppression. Elle a exprimé le désir que cette revision coïncide avec la date de mise en application des projets fiscaux en cours d'examen. M. le Directeur des Finances a reconnu le bien fondé de cette double demande et nous en avons pris note.

M. le Conseiller BONA avait auparavant, textes en mains, mis l'Administration et le Conseil en garde contre une modification fondamentale de la taxe générale intérieure qui aurait pour effet d'en changer le caractère de taxe générale « ad valorem » pour en faire une taxe atteignant uniquement les produits importés de la Métropole ou de l'étranger — ce qui permettrait de la considérer comme un droit de douane établi hors des formes spéciales de cet impôt.

C'est ainsi que votre Commission a été amenée à modifier le texte de l'article Ier du projet d'arrêté remaniant la taxe générale intérieure qui nous est soumis et à adopter pour l'article II, en plein accord avec M. le Directeur des Finances, le texte ci-après :

« Des arrêtés ultérieurs du Gouverneur Général pourront réduire à « nouveau le taux de la taxe, la limiter aux marchandises, denrées et objets « introduits en Indochine ou l'abroger définitivement ».

En suivant ce texte, nous mettons à même l'Administration de faire étudier du point de vue légal les décisions qu'elle prendra et, notons-le aussi au passage, nous nous en remettons au Chef de la Colonie du soin de prendre en temps opportun lorsque les plus-values budgétaires, l'aménagement et l'élargissement des impôts le lui permettront, les mesures progressives qui feront disparaître de notre système fiscal la taxe générale intérieure dont nous condamnons le principe.

Les dégrèvements envisagés par l'Administration du chef de cette taxe sont pour l'exercice 1930 de l'ordre de grandeur de $ 1.000.000. Il importait d'y trouver une contre-partie. Tel est l'objet de la taxe spéciale sur les sociétés établies en Indochine.

C'est fortuitement que l'institution de ce nouvel impôt coïncide avec une modification de la taxe générale intérieure et nous avons enregistré la déclaration de l'Administration qu'elle n'avait nullement l'intention de recourir à des majorations de l'impôt que nous allons examiner maintenant quand la nécessité d'une seconde modération de la taxe intérieure donnera lieu à des décisions nouvelles.

Nous pouvons donc penser qu'on n'aura pas recours à la méthode commode et simpliste du tour de vis au plus grand désavantage des sociétés, quand les besoins du budget ou les desseins de l'Administration, appelleront des ressources nouvelles.

Au surplus, le Gouvernement Général attend de substantielles et constantes plus-values de l'imposition sur les sociétés qu'il soumet à nos délibérations - plus-values qui découleront tout à la fois d'un mode de perception économique, d'un contrôle facile et du développement de la matière imposable, en l'espèce - des sociétés.

L'Administration déclare qu'elle s'en contentera.

B. — Projet d'arrêté relatif à la taxe spéciale sur les sociétés établies en Indochine

La taxe qu'il est proposé d'instituer comprend deux éléments. Elle porte sur la valeur des titres constituant le capital social, ce qui englobe les actions de toute nature, actions de numéraire, actions de jouissance, actions d'apport, etc. . . , y compris notamment les parts de fondateurs - elle frappe les bénéfices annuels attribués et les prélèvements auxquels les bénéfices donnent lieu au profit des Conseils d'administration.

Ainsi conçue, dans son principe et dans ses modalités d'application, la taxe suit les précédents créés dans la Métropole mais elle débute avec un tarif modéré :

0 , 50 $^o/_{oo}$ (50 cents par mille piastres) sur la valeur des actions;
2 % (deux piastres pour cent piastres) sur l'intégralité des bénéfices répartis.

La taxe sous examen est le premier impôt direct frappant uniformément toutes les sociétés établies en Indochine et pour nous convaincre, non pas tant de sa légitimité que de sa nécessité, l'Administration nous rappelle qu'elle pourrait tout aussi bien rechercher des ressources dans un impôt sur les bénéfices commerciaux, dans un impôt sur les revenus sociaux ou autres, mais elle reconnaît qu'au stade de l'évolution actuelle de ce pays, ces impôts ne répondraient pas à son intérêt général et qu'ils risqueraient d'entraver son développement.

La plus haute autorité de la Colonie et après elle, M. le Directeur des Finances nous ont apporté des apaisements formels sur ce point dont nous prenons acte dans le même esprit.

Ceci rappelé, il convient de dire tout de suite que votre commission n'a point engagé une discussion de fond sur le principe même de la taxe qui lui était soumise et qu'elle a reconnu spontanément que les sociétés indochinoises devaient concourir à l'effort fiscal demandé au contribuable.

Ce n'est pas que les sociétés jusqu'ici n'aient point acquitté d'impôts comme des comparaisons incomplètes tendraient à le démontrer, mais elles ont dans leur ensemble échappé longtemps aux impôts de l'espèce qui font cependant partie du système fiscal de la Métropole depuis longtemps.

Nous avons donc reconnu la légitimité des demandes de l'Administration, mais nous avons regretté l'aggravation des charges que la nouvelle taxe entraînera, sans contre-partie, sur bon nombre de sociétés indochinoises et non des moindres.

Nous parlons des sociétés dont l'activité s'exerce en Indochine mais dont le siège social est fixé dans la Métropole, c'est-à-dire des sociétés déjà soumises aux prélèvements du fisc métropolitain. Nul n'ignore ce qu'ont été ces prélèvements au cours des dernières années, sous la nécessité impérieuse des circonstances et quelle amputation ils ont fait subir aux dividendes mis en distribution.

C'est la taxe de ½ % sur le capital des actions, c'est la taxe de 18 %

sur le dividende brut. Messieurs, par comparaison avec ces pourcentages le tarif indochinois qui nous est proposé paraît bien modeste mais quand il s'ajoute au tarif français il aggrave encore au détriment des sociétés indochinoises à siège social métropolitain, la disparité considérable qui existait déjà entre leur situation et celle des sociétés, ayant ou non le même objet social, qui ont leur siège social dans la colonie.

A propos de ces sociétés, votre rapporteur, à titre purement personnel a fait ressortir combien la taxe de demi pour mille sur la valeur des actions allait grever les affaires dont les titres sont capitalisés en bourse de Paris voire même localement, à des taux extrêmement bas.

Il a calculé que pour les sociétés dont le taux de capitalisation est particulièrement faible et c'est le cas de plusieurs importantes affaires, le produit du premier élément de la taxe serait particulièrement lourd et qui, en tout cas, arriverait très vite à être égal et même supérieur au produit du deuxième élément, savoir aux 2% perçus sur les dividendes attribués.

Il convient à ce propos de remarquer que dès que la capitalisation d'un titre ressort à $2\frac{1}{2}°/_\circ$, le premier élément de la taxe, calculé au taux de demi pour mille, fait ressortir des chiffres égaux à la perception faite en vertu du deuxième élément.

Une capitalisation sur la base de $2\frac{1}{2}°/_\circ$ est fréquente en bourse de Paris. Elle s'éloigne sensiblement du taux auquel se capitalisent les valeurs sur nos marchés locaux, et c'est là encore un cas d'infériorité qui différenciera certaines sociétés par comparaison avec d'autres.

Aussi est-il apparu que le tarif de un demi pour mille qui grevait la valeur des titres de toute nature des sociétés indochinoises quelles qu'elles soient, pouvait être modéré et une sous-commission dont faisaient partie MM. LAMBERT, PERROUD et votre rapporteur qui a siégé le 25 Octobre a été chargée de rechercher avec le Gouvernement un aménagement légèrement différent de la taxe.

Aussi bien, convenait-il, dans un esprit non pas d'égalité dans les charges globales supportées par les sociétés établies en Indochine où se trouvent leurs sièges sociaux, mais dans un esprit de justice fiscale, de ne pas demander à un seul groupe de sociétés indochinoises tout l'effort rendu nécessaire par les modérations apportées à la taxe générale intérieure.

Votre Commission a proposé, après étude de diverses modalités, avec M. le Directeur des Finances, de ramener le pourcentage demandé aux sociétés sur la valeur de leurs titres de 0,50 à 0,25 °/₀₀ en modifiant dans ce sens le paragraphe 1° de l'article 2 du projet d'arrêté créant une taxe spéciale sur les sociétés établies en Indochine.

L'Administration s'est ralliée à cette proposition qui a été acceptée par votre Commission.

C. — Projet d'arrêté relatif aux taxes de transmission et sur le revenu des valeurs mobilières

Mais ce faisant, la prévision budgétaire estimative du rendement de la taxe spéciale sur les sociétés s'est trouvée réduite de quelque 285.000 $ qu'il importait de récupérer ailleurs.

Le troisième arrêté soumis en projet à notre examen proposait une modération de la taxe annuelle de transmission et sur le revenu des valeurs mobilières, dont pouvaient seules bénéficier les sociétés indochinoises, ayant siège social dans la Colonie.

Le tarif de la taxe de transmission passait de 0,20 à 0,15 %. Cet abaissement ne sera pas modifié.

Mais la taxe annuelle sur le revenu des valeurs mobilières à laquelle ces mêmes sociétés ont toujours été assujetties tombait de 8 à 6 %.

Votre sous-commission, d'accord avec M. le Directeur des Finances, a reconnu que cette atténuation de l'impôt sur le revenu des valeurs mobilières pouvait être moindre et elle a proposé à votre Commission qui a bien voulu se rallier à cette proposition, de descendre seulement de 8 à 7 %.

L'article 2 du projet d'arrêté réduisant les tarifs des taxes de transmission et sur le revenu des valeurs mobilières, modifié dans ce sens, se lira :

« La taxe annuelle sur le revenu des valeurs mobilières, ainsi que sur « les lots et primes de remboursement, établie par les articles 45 et suivants « de l'arrêté précité, est ramenée de 8 à 7 % ».

Il en résultera une disponibilité de : $ 200.000 qui s'opposera aux $ 285 000 dont nous avons fait mention plus haut.

On peut raisonnablement espérer que l'écart entre ces deux sommes sera comblé par la plus-value du rendement de l'impôt nouveau sur les sociétés, pris à son tarif actuel et dans le courant même du prochain exercice.

L'effort fiscal rendu nécessaire par la première étape parcourue dans la voie de la suppression de la taxe générale intérieure est ainsi réparti sur toutes les sociétés établies en Indochine quelles qu'elles soient.

Pour des raisons techniques que l'on devine aisément, M. le Directeur des Finances avait proposé d'accorder aux sociétés indochinoises qui ont établi leur siège social en Indochine des dégrèvements équivalents à leur quote-part dans la taxe nouvelle sur les sociétés.

La solution ou plus modestement l'aménagement auquel votre Commission s'est arrêtée ne va pas jusque là car elle a estimé que toutes les sociétés devaient concourir à la constitution des ressources demandées par l'Administration au nom de l'équilibre budgétaire.

Pour concrétiser les conclusions de votre Commission et permettre de porter à leur égard un jugement motivé, les trois tableaux suivants ont été dressés mais il convient de préciser qu'ils ne peuvent s'appuyer que sur des chiffres approximatifs.

Le premier tableau (A) indique quelle sera la répartition des charges, le deuxième tableau (B) et le troisième (C) font apparaître la situation des sociétés, selon le lieu de leur siège social.

TABLEAU A

Taxe sur les sociétés :

RENDEMENT PRÉVU

Net $ 1.200.000/1.185.000. . . . . $ 1.185.000 —

A déduire pour abaissement de 1/4º/oo du tarif frappant la valeur des actions de toute nature (art. 2 § 1 du projet) . . . . $ 285.000

A ajouter pour tenir compte du taux de l'impôt sur le revenu des valeurs mobilières $ 200.000

Soit . . . . $ 1.100.000 —

Répartition de la taxe sur les sociétés

	SOCIÉTÉ	
	SGE SL LOCAL	SGE SL MÉTROPOL.
1er élément : 1/4 º/oo (soit 5/28e de la taxe) . . . . $	95.000	$ 190.000
2e élément : 2% (soit 23/28e de la taxe)	343.333	686.666
(Total : $ 1.315.000) . . . . $	438.333	$ 876.666

Dégrèvement local sur la :

Taxe de transmission $ 100.000 Taxe sur le revenu des valeurs mobilières..... 200.000	300.000	»
(Total : $ 1.015.000) Net : $	138.333	$ 876.666

Dans ce calcul, il a été supposé que le produit que la taxe nouvelle sur les sociétés établies en Indochine serait fourni pour 1/3 par les sociétés à siège social local, pour 2/3 par les sociétés à siège social métropolitain, ce qui paraît conforme à la situation du moment, les estimations premières de la Direction des Finances permettant de considérer que la contribution des deux groupes de sociétés se ferait dans le rapport de 9 à 19.

Voici maintenant schématisée en quelques chiffres la situation particulière des sociétés dans le plan d'aménagement proposé par votre Commisson et agréé par l'Administration.

TABLEAU B

Sociétés Indochinoises (siège social en Indochine)

NATURE DE LA TAXE	ANCIENNE	NOUVELLE	COMPARAISON
Taxe de transmission sur la valeur des actions et obligations . . .	0,20°/₀	0,15°/₀	0,05°/₀
Taxe spéciale sur les sociétés établies en Indochine (art. 2 § 1ᵉʳ du projet)	»	0,025	0,025
Total	0,20°/₀	0,17 1/2	0,02 1/2
Taxe sur le revenu des valeurs mobilières	8°/₀	7°/₀	1°/₀
Taxe spéciale sur les Sociétés établies en Indochine (art. 2 paragraphe 2 du projet)	»	2°/₀	2°/₀
	8°/₀	9°/₀	1°/₀

Ces Sociétés, si l'on admet qu'il y a parité entre le revenu et le dividende distribué, supporteront une charge nouvelle de 1°/₀ calculée sur le dividende, dont l'incidence frappera le porteur des titres, mais tout compte fait, la charge finale sera moindre puisqu'il y a réduction de la taxe de transmission.

TABLEAU C

Sociétés Indochinoises (siège social dans la Métropole)

NATURE DE LA TAXE	ANCIENNE	NOUVELLE	COMPARAISON
Taxe de transmission sur la valeur des actions et obligations . . .	mémoire	mémoire	»
	(taxe métropolitaine 1/2°/₀)		
Taxe spéciale sur les sociétés établies en Indochine (art. 2, § 1 du projet)	»	0,025	: 0,025
Taxe sur le revenu des valeurs mobilières	mémoire	mémoire	»
	(taxe métropolitaine 18°/₀)		
Taxe spéciale sur les sociétés établies en Indochine (art. 2, § 2 du projet)	»	2°/₀	: 2°/₀

Total des taxes à payer au fisc indochinois : 0,025°/₀ (ou 1/4 °/oo) de la valeur en bourse du capital et 2°/₀ des dividendes distribués.

Grosso modo, ces Sociétés paieraient sur leurs dividendes un impôt nouveau de 2% dont les porteurs de titres, quels qu'ils soient, et il y en a beaucoup dans la Colonie, devront faire les frais.

Conclusions. — Les chiffres du premier tableau A (rendement prévu de la taxe et sa répartition) n'ont du reste de valeur que pendant un instant de raison car la situation se modifie à tout moment.

Aussi bien n'est-il pas question d'établir une différence entre des Sociétés, toutes ou presque toutes françaises, en prenant pour critérium le lieu de leur siège social, mais il y a une situation de fait et il est incontestable que les Sociétés indochinoises supportent des charges très inégales.

Il serait excessif de faire supporter l'effort fiscal actuel aux Sociétés de la 2e catégorie (tableau C) c'est-à-dire aux plus lourdement imposées et d'exonérer entièrement celles de la 1ère catégorie (tableau B).

Libre aux Sociétés, répondra-t-on, d'opérer le transfert de leur siège social pour ne conserver dans la Métropole qu'un siège administratif, Messieurs, cela n'est pas uniformément souhaitable, ni pratique l'Administration métropolitaine en plusieurs cas s'y est formellement opposée.

Dans le cas de votre Banque d'émission le transfert n'est pas possible.

Dans bien d'autres cas, il serait contraire aux intérêts sociaux et nuisible au développement de ce pays qui recherche l'appui des capitaux de la mère-patrie et qui conserve des rapports étroits avec les Groupements de France.

Il serait normal, et un effort dans ce sens se justifierait fort bien, d'insister auprès du fisc français pour qu'il déduise des impôts perçus en France les sommes réglées au titre d'impôts similaires dans la Colonie. Le fisc n'y serait peut-être pas opposé car il n'a point avantage à provoquer l'exode de ses ressortissants.

Nous craindrions toutefois que l'Administration Indochinoise ne soutienne mollement de telles revendications.

Il conviendrait pour le moins que les Sociétés coloniales établies dans la Métropole sollicitent une modération des taxes qu'elles y acquittent, en faisant valoir les risques de leurs opérations, l'importance de leurs frais généraux et tout double emploi d'impôts.

Vous excuserez votre Rapporteur, Messieurs, de s'être étendu aussi largement sur les projets d'arrêté énumérés en tête de ce chapitre, en raison de la nouveauté et de l'importance dans notre système fiscal de la taxe sur les Sociétés établies en Indochine.

Points particuliers. — Votre Commission a demandé que les formalités qui accompagneront nécessairement la perception de cette taxe s'accomplissent dans un esprit large et que la déclaration des assujettis soit acceptée en principe sans vérifications vexatoires.

Elle a demandé que le terme fixé à l'article II pour le paiement de la taxe afférente à la valeur des titres (1/4 %ₒₒ 1er élément de la taxe sur les Sociétés établies en Indochine) soit reculé. D'accord avec M. le Directeur des Finances, elle propose d'adopter le texte suivant:

« Art. 11. — La fraction de la taxe afférente à la valeur des titres est payable par semestre et à terme échu, d'après le nombre des titres existants et à la fin de chaque semestre et antérieurement au 1er Mars et au 1er Septembre ».

Enfin, dans le cas des Sociétés dont le siège social est en France, c'est dans la Métropole que se trouveraient en général les documents dont le Service de l'Enregistrement aura besoin pour asseoir ou contrôler sa perception.

La Commission a demandé que les déclarations faites au fisc français et acceptées par lui soient en principe reçues dans la Colonie. Elle a noté la déclaration de M. le Directeur des Finances qu'il prendrait toute mesure pour qu'il en soit ainsi.

Ces quelques points particuliers sont loin d'avoir épuisé la matière mais c'est à l'expérience qu'il conviendra de compléter et de mettre au point la taxe sur les Sociétés établies en Indochine.

Votre Commission a l'honneur de proposer au Grand Conseil des Intérêts Economiques et Financiers de l'Indochine l'adoption :

des projets d'arrêtés remaniant la taxe générale intérieure, créant une taxe spéciale sur les Sociétés établies en Indochine, réduisant les tarifs des taxes de transmission et sur le revenu des valeurs mobilières,

tels qu'ils vous ont été présentés, sous réserve des modifications de texte et de tarif qui ont été indiquées dans le présent exposé et qui ont eu l'agrément de l'Administration.

D. — Projet d'arrêté instituant au profit de l'Office indochinois du Riz une surtaxe additionnelle au droit de statistique

Votre Commission n'a abordé le projet financier relatif à l'Office indochinois du Riz qu'après l'examen par la Commission des Affaires diverses du principe même de cet office.

Il est apparu tout de suite que l'imposition d'une taxe de un centième de piastre par quintal de paddy et dérivés sortant d'Indochine, proposée par l'Administration pour assurer la dotation annuelle du nouvel office, soulevait des protestations véhémentes de la part du commerce d'exportation, en particulier chez plusieurs de nos collègues éminemment qualifiés pour exposer ce point de vue.

Devant l'impossibilité d'aménager d'une façon satisfaisante la taxe projetée qui était rejetée en bloc, il a paru expédient de désigner une Sous-Commission composée de M.M. Truong-van-Ben, Nguyen-van-Cu, Darles, Nguyen-van-Duoc, Leconte, Martini et de votre rapporteur, qui a été chargée de rechercher des modalités nouvelles d'accord avec M. le Directeur des Finances.

La Sous-Commission s'est arrêtée à une majoration des droits de statistique, tels qu'ils résultent de l'arrêté du 19 octobre 1914, approuvé par le décret du 27 août 1915 — ce qui revient à mettre au compte de la communauté la charge que l'Office indochinois du Riz doit entraîner mais ce point de vue se peut admettre si l'on tient compte de l'importance du riz dans l'économie générale indochinoise.

A l'examen les droits de statist que se sont révélés particulièrement lourds dans le cas des produits des mines et des carrières et il a été admis qu'ils seraient exonérés de la surtaxe créée, ainsi que les marchandises en transit.

Le droit de statistique qui est de 4 cents par tonne métrique ou par mètre cube sera porté à 5 cents et demi, soit une majoration de 37,1/2% portant, il est vrai, sur une imposition très minime.

Il a été calculé qu'ainsi aménagée la surtaxe produirait quelque : $ 115.000, ce qui est en deça de la prévision faite pour la taxe de un centième par quintal de paddy, riz et dérivés qui eût rendu : $150.000

Mais outre que l'Office indochinois du Riz bénéficie d'un concours de $ 50.000 du Budget Général pour son installation, il peut ne pas avoir besoin d'une somme de cet ordre de grandeur à l'origine tout au moins.

Il peut aussi et nous l'anticipons, recourir à l'aide des organismes, des groupements, des sociétés directement intéressées à la culture du paddy, à l'industrie et au commerce du riz, qui ne refuseront certainement pas de s'intéresser à une Institution apte à leur rendre des services signalés.

C'est dans cet esprit que votre Commission recommande à votre examen et soumet à votre approbation le projet d'arrêté ci-après, dont le texte a l'accord de l'Administration.

LE GOUVERNEUR GÉNÉRAL DE L'INDOCHINE
Commandeur de la Légion d'Honneur

Vu les décrets du 20 Octobre 1911 portant fixation des pouvoirs du Gouverneur Général et organisation financière et administrative de l'Indochine ;
Vu le décret du 23 Août 1928 ;
Vu le décret du 4 Novembre 1928 portant création d'un Grand Conseil des Intérêts Economiques et Financiers en Indochine ;
Vu le décret du 30 Décembre 1912 sur le régime financier des Colonies ;
Vu le décret en date du   instituant l'Office Indochinois du Riz ;
Vu l'arrêté du 19 Décembre 1914 approuvé par décret du 27 Avril 1915 créant un droit de statistique sur les marchandises et animaux entrant en Indochine ou en sortant ;
Vu la délibération en date du   du Grand Conseil des Intérêts Economiques et Financiers de l'Indochine ;
Le Conseil de Gouvernement entendu ;

ARRÊTE :

Article premier. — Il est institué au profit de l'Office Indochinois du Riz une surtaxe additionnelle au droit de statistique institué par l'arrêté du 19 Décembre 1914, approuvé par décret du 27 Avril 1915.

Art. 2. — La surtaxe additionnelle au droit de statistique est fixée à 1 cent 1/2 de piastre (0$015) par tonne métrique de 1.000 kilogrammes ou par mètre cube, d'après l'unité de perception inscrite au tarif des douanes, sur les marchandises en vrac; à cinq centimes (0f05) par colis sur les marchandises en futailles, caisses, sacs ou autres emballages; à un cent et demi de piastre (0$015) par tête sur les animaux vivants ou abattus des espèces chevaline, bovine, ovine, caprine et porcine.

Art. 3. — Les produits des mines et carrières sont, à la sortie du Territoire Indochinois, exonérés de la surtaxe additionnelle, ainsi que les animaux ou marchandises de toute nature ayant simplement transité.

Art. 4. — Toutes les autres règles d'assiette, de liquidation et de perception applicables au droit de statistique sont étendues à la surtaxe additionnelle dont le produit sera mis mensuellement à la disposition du Trésorier-Payeur de la Cochinchine, comptable de l'Office Indochinois du Riz.

Art. 5 — Le Directeur des Douanes et Régies et l'Inspecteur Général de l'Agriculture de l'Elevage et des Forêts sont chargés, chacun en ce qui le concerne, de l'exécution du présent arrêté dont les dispositions ne seront appliquées qu'après avoir été approuvées par décret.

Hanoi, le   1929

E. – Projet d'arrêté réduisant la taxe des télégrammes privés ordinaires du régime intérieur dans plusieurs localités de l'Indochine

L'arrêté du 10 Mars 1928 stipule en son article 263 que la taxe des télégrammes privés ordinaires du régime intérieur est de 0$03 par la voie terrestre et de 0$06 par la voie radio.

Il est proposé dans les localités où les bureaux seront exclusivement desservis par les postes de T. S. F. à ondes courtes, y compris Fort-Bayard, Poulo-Condore et Phu-Quoc, que les télégrammes par T. S. F. soient soumis aux mêmes conditions de taxes que les télégrammes de même catégorie dirigés par les voies terrestres.

Cette proposition de l'Administration aura pour effet de ne pas placer en état d'infériorité certaines régions de l'Indochine et votre Commission vous propose de l'adopter.

F. — Projet instituant un fonds commun des routes indochinoises et créant une surtaxe spéciale à la consommation des huiles minérales autres que les huiles lourdes

Ce projet est venu en discussion devant la Commission le 28 Octobre et un important débat s'est engagé à son sujet.

M. le Conseiller Truong-van-Ben a tout d'abord attiré l'attention sur les répercussions que le *droit de consommation* projeté aurait sur les populations les plus pauvres de l'Indochine, non que ces populations ne soient pas intéressées à l'entretien et au développement des routes, mais parce que même une très légère avance du prix des huiles minérales propres à l'éclairage entrainerait un prélèvement sur leurs ressources trop souvent minimes et précaires.

Une dépense supplémentaire de quelques piastres, ne fut-elle que d'une piastre annuellement, ne laisse pas indifférente la population pauvre du Laos et des régions de pêches de l'Annam, par exemple.

Ce point de vue a été appuyé par M. le Conseiller NGUYEN-TRAC et successivement par tous les conseillers annamites, cambodgiens et laotiens.

L'article 3 du projet d'arrêté qui prévoyait que sur les disponibilités du fonds commun, une somme *au moins égale* aux impôts directs sur les automobiles prévus aux divers Budgets locaux et municipaux, serait versée, à titre de subvention ou de ristourne annuelle aux divers budgets intéressés, a soulevé des critiques.

Mais il est ressorti de la discussion que l'Administration n'avait nullement l'intention de s'en tenir « ne varietur » dans l'avenir aux chiffres ou aux pourcentages de 1930. Le texte soumis au Grand Conseil du reste ne l'indiquait pas mais ce qui va de soi va encore mieux en le disant.

Aussi votre Commission a-t-elle accueilli avec faveur la proposition de M. le Conseiller BONA qui a demandé en substance que les recettes provenant de la surtaxe soient réparties chaque année entre le Budget Général, les Budgets locaux, municipaux et provinciaux, sur la proposition du Gouverneur Général, par le Grand Conseil des Intérêts Economiques et Financiers de l'Indochine, en prenant pour base le nombre de chevaux en circulation dans chaque pays de l'Union.

Il a été fait observer avec raison que, la répartition du fonds commun devant être faite chaque année par le Grand Conseil sur la proposition de l'Administration, les intérêts de tous étaient pleinement sauvegardés.

La surtaxe proposée est liée à la suppression des impositions qui frappent actuellement les automobiles dans les divers pays de l'Union : impôts indirects qui s'avèrent défectueux en raison de la complexité et de la diversité de leurs tarifs, des formalités qu'ils entraînent et, dit aussi l'exposé des motifs, par suite de l'insuffisance de leurs plus-values éventuelles.

L'importance du réseau routier indochinois, les nécessités de son extension et de son amélioration rendent opportune la création du fonds commun des routes.

Le tarif de la surtaxe projetée a finalement été fixé à deux piastres par 100 kilogrammes bruts sur les essences et à 0$50 par 100 kilogrammes bruts sur les huiles raffinées ou lampantes; c'est-à-dire sur le pétrole, ce qui ne devrait augmenter que dans de faibles proportions les prix — encore n'est-il pas certain que la résistance des consommateurs à toute majoration de prix n'oblige les compagnies distributrices, en partant des prix actuels qui leur laissent des bénéfices substantiels, à conserver à leur compte une fraction du droit supplémentaire.

A la longue, cependant, il n'en ira pas ainsi et c'est un motif de plus pour souhaiter de voir le marché indochinois s'ouvrir largement à la concurrence pour la vente des huiles minérales propres à l'éclairage.

Ceci dit, la surtaxe venant s'ajouter au droit de consommation déjà perçu sur les huiles minérales et empruntant les mêmes modalités de liquidation, de perception et de contrôle, sera de rentrée facile et économique.

Prise en soi, par rapport au système des impôts actuellement en vigueur sur les automobiles, elle présente des avantages certains. Elle est proportionnelle à « la puissance du véhicule et au nombre de kilomètres parcourus ».

Il a été fait observer avec raison que la surtaxe toucherait également les moteurs industriels et les tracteurs utilisés par l'agriculture, s'ils marchent à l'essence ou au pétrole. Pour ces appareils qui sont les plus nombreux et dont le développement est souhaitable, on aimerait qu'une détaxe intervînt, à l'exemple, M. le Conseiller LAMBERT l'a dit, de ce qui se passe en Algérie.

Pour ce qui est des huiles raffinées ou lampantes, c'est-à-dire du pétrole, la surtaxe est très minime et sur ce point, pleine satisfaction a été donnée à nos collègues annamites, cambodgiens et laotiens.

On peut même espérer voir le pétrole qui entre actuellement au tarif maximum quand il vient de Java, baisser de prix, si les importations se font sous le régime du tarif minimum dans quelques mois.

S'il en est ainsi et les accords commerciaux en cours de négociation permettent de l'espérer, le pétrole, produit de première nécessité pour la population pauvre, tombera au-dessous des prix actuels et l'Administration tiendra la main à ce qu'il en soit ainsi.

L'approbation du projet d'arrêté « instituant un fonds commun des routes indochinoises et créant une surtaxe spéciale à la consommation des huiles minérales » qui est demandée au Grand Conseil, doit être considérée comme instituant une taxe de remplacement qui aura pour résultat de faire disparaître, le moment venu, des Budgets locaux les crédits qui ont pu y être ou qui y sont inscrits au titre des impositions actuellement en vigueur sur les automobiles.

Nous précisons toutefois que les ressources au moins équivalentes aux inscriptions de recettes, assureront par le jeu de la répartition du produit de la surtaxe l'équilibre de ces budgets.

A ceux d'entre nous qui craignaient que la surtaxe spéciale à la consommation des huiles minérales ne fût appliquée concurremment avec les impositions diverses présentement en vigueur sur les automobiles, l'Administration a donné l'assurance formelle que la surtaxe n'entrerait en jeu qu'après la suppression de ces impositions.

L'aménagement de la taxe a été modifié à la suite des efforts réciproques faits par les uns et les autres pour trouver un terrain d'entente, donnant satisfaction aux scrupules de certains et au désir de tous de créer une taxe de remplacement dont le rendement ne serait pas inférieur à la prévision budgétaire faite au projet de budget général.

Une Sous-Commission dont faisaient partie Messieurs TRUONG-VAN-BEN, BACH-THAI-BUOI, MARCHEIX, MARCHAND, MATHIEU et votre Rapporteur a dans cet esprit, d'accord avec M. le Directeur des Finances, arrêté à 2 $ par cent kilogrammes bruts la surtaxe sur les essences et à 0$50 la taxe sur le pétrole.

Les huiles lourdes, donc le mazoût ne sont visées.

Les caractéristiques des huiles minérales assujetties à la surtaxe sont celles données par le décret du 30 Juin 1920.

Il a été fait remarquer que le nouvel état de choses favoriserait les véhicules affectés aux transports en commun qui acquittent de lourdes impositions particulières qui vont disparaître.

Votre Commission, Messieurs, a l'honneur de vous proposer d'approuver le projet d'arrêté dont le texte suit :

LE GOUVERNEUR GÉNÉRAL DE L'INDOCHINE
Commandeur de la Légion d'Honneur,

Vu les décrets du 20 Octobre 1911 portant fixation des pouvoirs du Gouverneur Général et organisation financière et administrative de l'Indochine ;

Vu le décret du 23 Août 1928 ;

Vu le décret du 4 Novembre 1928, portant création du Grand Conseil des Intérêts Économiques et Financiers de l'Indochine ;

Vu le décret du 30 Décembre 1912 sur le régime financier des Colonies ;

Vu les arrêtés du 21 Décembre 1895 et 9 Février 1897, instituant un droit de consommation sur les huiles minérales propres à l'éclairage ; .

Vu le décret du 30 Décembre 1898 approuvant les dits arrêtés, en ce qui concerne l'assiette et les règles de perception ;

Sur la proposition du Directeur des Finances ;

Vu la délibération, en date du   du Grand Conseil des Intérêts Économiques et Financiers ;

Le Conseil de Gouvernement entendu ;

ARRÊTE :

Article premier. — Il est institué en Indochine un fonds commun des routes indochinoises.

Art. 2. — Le fonds commun sera alimenté par une surtaxe de consommation sur les huiles minérales.

Ladite surtaxe est fixée à 2 piastres par cent kilogrammes bruts sur les essences et 0$50 par cent kilogrammes bruts sur les huiles raffinées ou lampantes (pétroles), selon les caractéristiques définies au tableau annexé au décret du 30 Juin 1920.

La surtaxe instituée par le présent arrêté sera assise, liquidée et perçue dans les mêmes conditions que le droit de consommation en vigueur sur les huiles minérales propres à l'éclairage.

Art. 3. — Sur les disponibilités du fonds commun, les diverses collectivités indochinoises qui, au moment de la mise en application du présent arrêté, avaient établi des impositions sur les véhicules à traction mécanique recevront, pour 1930, une ristourne égale à la prévision de recettes inscrite à leur budget.

Le montant des ristournes afférentes aux exercices ultérieurs sera majoré proportionnellement aux plus-values éventuelles que dégagera le rendement de la surtaxe ; le chiffre en sera fixé, compte tenu du nombre total des chevaux-vapeurs des véhicules recensés dans chacun des pays de l'Union, par le Grand Conseil des Intérêts Économiques et Financiers, sur la proposition de l'Administration.

Les sommes qui n'auront pas été absorbées par les ristournes ainsi calculées seront, après prélèvement des frais de perception, affectées par arrêté du Gouverneur Général rendu sur la proposition du Directeur des Finances et de l'Inspecteur Général des Travaux Publics, à des travaux de routes coloniales, provinciales ou locales d'une urgence ou d'un intérêt particulier.

Art. 4. — Comme conséquence de la surtaxe de remplacement prévue à l'article 2, et à compter du 1er jour du trimestre qui suivra sa mise en application, aucune taxe à la circulation ou à la possession des véhicules à traction mécanique ne pourra être établie ou perçue sous quelque dénomination que ce soit, par une collectivité indochinoise quelconque. Les versements, afférents à des trimestres pour lesquels les taxes ci-dessus définies auraient été supprimées, feront éventuellement l'objet d'un remboursement.

Art. 5. — Le Secrétaire Général du Gouvernement Général, le Gouverneur de la Cochinchine, les Résidents Supérieurs au Tonkin, en Annam, au Laos et au Cambodge, l'Administrateur en Chef du Territoire de Kouang-Tchéou-Wan, le Directeur des Finances, l'Inspecteur Général des Travaux Publics, le Directeur des Douanes et Régies sont chargés, chacun en ce qui le concerne, de l'exécution du présent arrêté, qui ne sera appliqué, sur tout le territoire de l'Indochine, qu'après avoir été approuvé par décret.

Hanoi, le   1929

G. — Projets d'arrêtés codifiant la réglementation en vigueur sur le territoire indochinois en ce qui concerne 1° la contribution du timbre ; 2° l'enregistrement des actes et mutations et l'application des droits d'enregistrement et d'hypothèque et 3° le régime fiscal des valeurs mobilières.

La Sous-Commission à laquelle vous avez bien voulu confier le soin d'examiner les trois projets d'arrêtés soumis à vos délibérations a constaté qu'ils constituent dans l'ensemble un regroupement heureux de la législation actuellement en vigueur et n'y apportent aucune modification profonde.

Ils n'instituent aucune aggravation sensible des charges existantes et condensent en trois textes uniques une réglementation éparse.

La codification qui nous est présentée englobe le texte de l'arrêté du 23 Septembre 1926 portant refonte des droits sur les mutations par décès des Européens approuvé par décret du 8 Septembre 1928 qui n'avait pas été promulgué.

Ce travail aura l'avantage de faciliter aux redevables la recherche et la connaissance de leur obligation, en même temps qu'il simplifie la tâche des agents chargés de la liquidation et de la perception des droits.

C'est donc une œuvre de clarté dont il faut louer l'initiative.

Par ailleurs, certaines dispositions nouvelles tiennent compte des nécessités économiques du pays, des vœux des redevables, et des groupements commerciaux de la Colonie.

C'est ainsi que la règlementation locale a été complétée par un ensemble des mesures relatives aux fusions de sociétés dont l'absence jusqu'ici constituait une lacune regrettable.

Cette omission s'expliquait d'autant moins que la législation métropolitaine, cependant peu libérale, n'avait pas hésité, en raison de certaines nécessités économiques, à admettre ce traitement de faveur.

Par l'effet des dispositions nouvelles, la perception de l'impôt sur le revenu des valeurs mobilières dû à la suite des fusions de sociétés par actions sur les plus-values résultant de l'attribution gratuite d'actions de parts bénéficiaires ou d'obligations est reportée à la dissolution de la société absorbante ou nouvelle.

Actuellement encore, les plus-values résultant de cette attribution (c'est-à-dire la différence entre le capital réel de la ou des sociétés fusionnées et l'ensemble des avantages consentis au moment de la fusion) faisaient l'objet d'une perception immédiate au titre de l'impôt sur le revenu des valeurs mobilières.

L'obligation d'acquitter sur-le-champ des sommes ainsi exigibles et quelquefois considérables décourageait des regroupements d'intérêts souvent judicieux.

En matière d'assurance et de valeurs mobilières, il y a lieu également d'approuver un remaniement qui met fin à un déséquilibre choquant, entre les charges fiscales, imposées aux nationaux ou sociétés françaises et celles auxquelles se trouvaient assujettis les étrangers ou sociétés étrangères.

Enfin, l'exonération du droit de timbre-quittance sur les règlements effectués par chèque ou virement de banque ainsi que l'augmentation des délais pour le versement des impôts sur les valeurs mobilières constituent des dispositions libérales dont nous devons nous réjouir.

L'attention de votre Sous-Commission a toutefois été retenue sur les divers points suivants qui lui suggèrent les observations et modifications suivantes :

1° — *Projet d'arrêté portant réglementation de la contribution du timbre*.

L'article 48 du projet tout en admettant la réciprocité entre les actes ou jugements passés ou rendus dans la Métropole, les Colonies et Pays de Protectorat, d'une part, et l'Indochine, d'autre part, institue un droit fixe de 0$10 dans le cas où la perception de ces pays serait supérieure ou égale aux tarifs de l'Indochine.

Cette disposition pouvant, dans certains cas d'espèce, contredire le principe de la réciprocité, votre Sous-Commission a proposé la suppression de ce droit.

Cette initiative ayant reçu l'accord de M. le Directeur des Finances, le paragraphe 2 de l'art. 48 se trouvera ainsi modifié :

« Dans le cas où la perception sera inférieure à celle déterminée par les tarifs en vigueur en Indochine, il y aura lieu d'acquitter le complément de droit auquel ces actes sont assujettis par leur nature ».

2· — *Projet d'arrêté concernant l'enregistrement des actes et mutations et l'application des droits d'enregistrement et d'hypothèque*

L'article 45 fixant les peines pour insuffisance des évaluations vise notament : certains actes et mutations portés à l'art. 121 qui par leur nature, ou la quotité des assujettis exclut toute possibilité de fraude.

Il en est ainsi pour :

1° — Les mainlevées et réductions d'hypothèque (paragraphe 4 — n° 5).

2° — Les titres nouveaux (paragraphe 4 — n° 7).

3° — Les prorogations de délai pures et simples (paragraphe 7 — n° 13).

4° — Les adjudications et marchés dont le prix est payé soit par l'Etat soit par le Budget Général, soit par les Budgets locaux et les cautionnements relatifs à ces adjudications et marchés (paragraphe 7 — n° 14).

5° — Les adjudications ou rabais et marchés dont le prix est payé par les Budgets provinciaux ou municipaux ou les établissements publics (paragraphe 9 — n° 2).

Votre Sous-Commission d'accord avec M. le Directeur des Finances est d'avis de supprimer ces renvois de l'art. 45.

*
* *

L'article 121, paragraphe 9, n° 4, deuxième alinéa porte de un à deux pour cent le droit perçu sur les actes constitutifs d'obligations hypothécaires au profit du porteur de la grosse.

Tout en reconnaissant que cette forme d'obligation hypothécaire est en définitive moins onéreuse pour le créancier que l'acte constitutif ordinaire et dénommé il a paru à votre Sous-Commission qu'une augmentation de un pour cent était excessive.

Cette forme d'acte est en effet susceptible de favoriser la circulation du titre et constitue par là même un instrument de crédit dont l'utilité est incontestable.

Il s'ensuit que si une différence peut être marquée à l'égard des obligations dénommées, il convient toutefois de ne pas aggraver par une taxation excessive, une charge qui en définitive est supportée par le débiteur.

En conséquence, après accord avec M. le Directeur des Finances, votre Sous-Commission vous propose de ramener de deux à un cinquante pour cent le droit dont s'agit.

* *

L'article 134 prévoit que « dans les provinces où il n'existe pas de bureau d'Enregistrement, la formalité a lieu au bureau du Chef de province ».

Votre Sous-Commission a estimé que dans l'éventualité envisagée, il était préférable de laisser à M. le Gouverneur Général le soin de désigner chaque fois le fonctionnaire qui, dans chaque province, non pourvue d'une recette d'enregistrement, sera chargé de l'enregistrement des actes.

Cette désignation permettrait à M. le Directeur des Finances de rattacher le fonctionnaire ainsi désigné au bureau le plus proche géré par un receveur titulaire qui remplirait dans la circonstance des fonctions analogues à celles des receveurs subordonnés des Douanes à l'égard des receveurs auxiliaires.

D'autre part, les formalités de contrôle et d'inspection s'en trouveront facilitées, sans distraire de leurs fonctions d'autorité, les Chefs de province, absorbés par leurs multiples occupations.

Votre Sous-Commission vous propose donc de substituer à l'art. 134 du projet le texte suivant, accepté par M. le Directeur des Finances :

« Art. 134 — Dans les provinces où il n'existe pas de bureaux d'enregistrement, la formalité a lieu au bureau du Fonctionnaire désigné par arrêté du Gouverneur Général. »

3 — *Projet d'arrêté sur le régime fiscal des valeurs mobilières*

L'article 1er, paragraphe 2 dispose que pour le calcul du droit de timbre proportionnel apposé sur les titres ou certificats d'action émis par les sociétés, le montant de la prime d'émission, s'il en a été ou s'il en est imposé une au souscripteur, doit être ajouté au capital nominal.

Cette disposition qui constitue une innovation, pourrait — en raison des termes « s'il en a été » — avoir un effet rétroactif contraire aux principes généraux.

Votre Sous-Commission vous propose en conséquence la rédaction suivante qui éviterait tout malentendu et qui est acceptée par M. le Directeur des Finances.

« Article 1ᵉʳ § 2 : « Pour le calcul de droit, il est ajouté au capital
« nominal le montant de la prime d'émission s'il en est imposé une au
« souscripteur ».

*
* *

L'article 14 prévoit que le « droit par abonnement est payé sans
avertissement préalable par quart, tous les trimestres dans les vingt pre-
miers jours des mois de Février, Mai, Août et Novembre ».

Cette disposition qui semble vouloir tenir compte de l'augmentation
des délais de réglement portés par ailleurs de 20 à 60 jours devrait conserver comme point de départ les dates précédemment fixées.

Pour éviter toute ambiguïté de ce chef votre Sous-Commission vous
propose donc d'accord avec M. le Directeur des Finances la rédaction
suivante :

« Art. 14 — Le droit par abonnement est payé sans avertissement,
par quart, tous les trimestres dans les soixante jours qui suivent l'expi-
ration du trimestre précédent ».

*
* *

A l'occasion de l'art. 23 visant la vente de titres à ordre, votre Sous-
Commission doit signaler que la création de titres de cette nature n'est
actuellement pas réalisable en Indochine puisque les art. 17 à 23 de la
loi du 4 Avril 1926 qui règlementent cette nouvelle forme d'actions
dans la Métropole n'ont pas été promulgués à la Colonie.

En raison des avantages incontestables que présente cette forme de
titre, il y a lieu de souhaiter que des mesures analogues soient appliquées
en Indochine dont le développement et la multiplication des sociétés jus-
tifient une semblable mesure.

*
* *

Le texte de l'art. 49, tout en introduisant dans notre législation indochinoise, les dispositions de faveur applicables dans la Métropole aux fusions de sociétés dont nous avons analysé ci-dessus les heureuses répercussions en limite toutefois l'application aux seuls regroupements qui seront
enregistrés dans les trois ans de la publication au Journal Officiel du
décret portant approbation de l'arrêté soumis à vos délibérations.

Cette restriction est de nature à rendre inefficace les dispositions nouvelles concernant les fusions ou absorptions.

Il est en effet évident que dans un pays où les diverses branches
industrielles, commerciales, minières et agricoles sont en évolution constante,
la nécessité ou l'opportunité d'un groupement d'entreprises poursuivant un
but commun par les moyens les plus divers, peut n'apparaître qu'après une
longue période de tatonnement et d'expérience.

Le délai de trois ans ne tient pas suffisamment compte de ces considérations primordiales et enlèverait toute efficacité pratique à l'heureuse innovation concernant la fusion ou absorption des sociétés.

Il a donc paru indispensable de demander la suppression du délai impératif fixé par le texte primitif qui, si vous adoptez cette manière de voir, se trouvera modifié ainsi qu'il suit :

« Art. 49 — Paragraphe 2 — Le bénéfice de la disposition qui précède est « subordonné à la condition que toutes les sociétés nouvelles ou anciennes « soient de nationalité française »

Cette rédaction a été acceptée par M. le Directeur des Finances.

*
**

L'article 60 paragraphe 3 exonère de la taxe sur le revenu certains immeubles appartenant à des associations dont l'objet n'est pas de distribuer des revenus.

Votre Sous-Commission a été amenée à constater que l'article 254 de l'arrêté concernant l'enregistrement des actes et mutations également soumis à vos délibérations, contenait pour les associations de même nature, des dispositions plus justes et plus libérales.

L'article 254 exempte en effet des taxes d'accroissement et de main morte :

1° — Les immeubles consacrés exclusivement à l'exercice d'un culte ou affectés à un objet d'utilité générale.

2° — Les biens meubles et immeubles affectés et réellement employés à des œuvres d'assistance gratuite en faveur des indigents, des malades, des infirmes, des orphelins ou des enfants abandonnés.

Ces exemptions sont accordées ou retirées par un arrêté du Gouverneur Général sur la proposition du Directeur des Finances, après avis du Gouverneur ou Résident Supérieur du pays où les taxes devraient être payées.

Or, l'article 60 paragraphe 3 du projet d'arrêté sur le régime fiscal des valeurs mobilières, s'il exempte de l'impôt sur le revenu les biens affectés à l'exercice d'un culte, ne reproduit pas à l'égard des objets affectés à un but d'utilité générale ou sociale les dispositions bienveillantes insérées à l'article 254 du projet sur l'enregistrement des actes et mutations.

Il a donc paru équitable à votre Sous-Commission d'établir sur ce point une stricte concordance entre les deux textes et elle vous propose en conséquence de modifier et compléter le paragraphe 3 de l'article 60 de l'arrêté sur le régime fiscal des valeurs mobilières en Indochine par le texte suivant:

« Article 60 — Paragraphe 3 :

« Toutefois, la taxe n'est pas due pour les biens exonérés de la
« taxe de main morte et d'accroissement par arrêté du Gouverneur Géné-
« ral pris en exécution de l'article 254 de l'arrêté en date du
« concernant l'enregistrement des actes et mutations et l'application des
« droits d'enregistrement et d'hypothèque ».

*
* *

Sous réserve des modifications et observations qui précèdent votre
Sous-Commission vous propose d'accepter les trois projets d'arrêtés :

1° — sur la règlementation du Timbre en Indochine ;

2° — sur l'enregistrement des actes et mutations et l'application des
droits d'enregistrement et d'hypothèque ;

3° — sur le régime fiscal des valeurs mobilières.

VI. — Compte administratif du Budget de l'Emprunt Exercice 1928

Rapport

L'emprunt de 90 millions a été autorisé par la loi du 26 Décembre
1912 et devait être affecté à l'exécution de divers travaux d'utilité publique.

Le montant de la première tranche de l'emprunt de 90 millions a été
de : Frs 49. 999. 643, 50.

La deuxième tranche a été émise en piastres dans la Colonie le 15
Septembre 1926. Elle a produit la somme de $ 2.060.000 qui corres-
pondait à Frs 39.140.000 — (au taux de 19 francs).

La première et la deuxième tranche représentent ainsi Frs 89.139.643,50.
et il reste pour parfaire la totalité de l'emprunt un reliquat de frs 860.356,50

Les disponibilités au titre de l'emprunt s'élevaient à Frs 2.907.210,29
qui ont été affectés à la dotation du budget de 1927 mais il n'a été utilisé
que : Frs 2.545.389,92.

Il est aussi resté un disponible de . . . . frs 361.820,37
qui a été ajouté au reliquat de : 860.356,50
montant net de la troisième tranche, soit : 1.222.176,87

Cette somme a servi à doter le budget de 1928.

Le compte définitif des recettes et des dépenses de ce budget donne :

      Frs 1.231.154,93   recettes
      Frs 1.169.101,68   dépenses.

La différence entre le montant des recettes et le montant net donné plus haut au titre de l'emprunt soit: Frs 8.978, 06 provient de recettes diverses constatées en cours d'exercice.

L'excédent entre les recettes et les dépenses, soit: Frs 62.053,25
a été versé pour la somme de : . . . . Frs 62.053,25
au fonds provenant de l'Emprunt et
le budget général a reçu : 8.976,06

En résumé, le reliquat disponible pour le compte de l'Emprunt de 90 millions est de: Frs 53.075,19

Toutes les opérations faites tant au point de vue budgétaire au compte du budget de l'Emprunt de 90 millions pour l'exercice 1928 qu'au point de vue de la comptabilité publique, sont régulières.

VII. — Projet de Budget Général — Exercice 1930

Les projets fiscaux que nous avons passés en revue conditionnent l'équilibre du Budget général pour l'exercice 1930 qu'il convient d'examiner maintenant avec quelque détail.

Le temps très court dont nous avons disposé, l'abondance des matières et aussi, Messieurs, l'inexpérience du sujet ne me permettent de vous donner qu'une esquisse et je vous prie à l'avance d'excuser les lacunes et les imperfections du travail de votre Rapporteur.

Discussion du projet de budget

Son principal effort sera d'être l'interprète fidèle des désirs exprimés par votre Commission même quand ces désirs n'auront pas revêtu une forme concrète, ce qui de nécessité, a souvent été le cas.

Ainsi il est ressorti de multiples interventions venues de tous les côtés de la Commission qu'un souci constant d'économie animait ses membres et qu'ils entendaient recommander formellement une efficace compression des dépenses, quand il s'agissait des bâtiments civils et des automobiles par exemple, de dépenses de propagande et de tourisme, alors que par contre dans le cas des départements administratifs qui souffrent d'une évidente pénurie de personnel parce que l'Etat offre des avantages insuffisants à l'élite dont il a besoin pour faire marcher des services, nommément la Justice, certains services techniques tels que celui des Mines, il convenait d'ajuster les soldes à la situation actuelle.

Malgré les renseignements en général explicites portés dans les brefs commentaires qui accompagnent le développement des recettes et des dépenses, votre Commission n'aurait pas hésité à signaler l'opportunité de diverses réductions de dépenses si le Grand Conseil avait été mieux informé mais elle s'est fait scrupule, au cours d'une première session d'empiéter sur l'action des Chefs de départements et d'entraver leur action par des modifications inopportunes.

Cette modération ne peut être qu'approuvée mais elle ne persistera que si l'Administration Indochinoise s'impose une discipline sévère dans l'emploi des deniers publics.

Plusieurs d'entre nous, aussi bien français qu'annamites, ont rappelé les conditions précaires d'existence de la population des régions pauvres ou surpeuplées et requis ceux qui ont l'honneur et la charge d'administrer l'Indochine de tenir le plus grand compte de la productivité des dépenses faites.

Nous avons eu en plusieurs cas l'impression nette que le Gouvernement Général de l'Indochine, sur l'intervention de la Métropole le plus souvent, se livrait à des distributions de fonds sous forme de subventions et de concours qui ne tiennent pas assez compte et de la modicité de nos ressources et de l'utilité des dépenses, du point de vue strictement indochinois.

Mais c'est sur le caractère d'urgence et sur la répartition des crédits afférents aux travaux portés au budget que votre Commission s'est le plus étendue. Or les questions de travaux, avant toute décision, doivent faire l'objet et d'études et de consultations qui trop souvent ne sont accomplies qu'à la dernière heure d'où protestations, et en des cas très rares, mise au point insuffisante.

Il serait étrange que la plupart d'entre nous ne se soient pas arrêtés aux éléments des budgets qu'ils connaissaient le mieux de par la nature de leurs occupations ou le pays de l'Union qu'ils habitent, mais pas un instant, la discussion n'est restée sur le terrain de l'intérêt particulier ou régional quand il a été question d'une inscription budgétaire.

Vous vous féliciterez, Messieurs, qu'un tel sentiment d'union ait dominé l'examen du Budget général dans lequel sont ramassés tous les postes des Services généraux de l'Indochine.

Vue d'ensemble

Le projet du Budget général pour 1930 nous indique quel est notre train de maison : ce sont les dépenses de personnel disséminées dans tous les chapitres, notre compte de frais généraux dans les diverses branches d'un gouvernement organisé : Justice, Finances, Services d'intérêt social et d'intérêt économique, Travaux Publics pour l'*entretien*, notre compte d'*exploitation* pour les P.T.T. (et pour les Chemins de fer) notre compte d'*investissement* sous la forme de grands travaux neufs, enfin notre compte de *trésorerie* : dette publique, contribution élevée aux dépenses de l'Etat sans parler d'un compte extraordinaire pour la défense militaire et maritime de l'Indochine, car "défense passe avant opulence".

Tout cela, Messieurs, se totalise par piastres 102.616.000 et je tente de marquer par une pause l'instant où notre budget franchit l'étape de cent millions de piastres.

Le tableau suivant vous donne le pourcentage sur l'ensemble des principaux postes de dépenses dans l'ordre ci-dessus.

DÉPENSES

A) *Ordinaires*

Personnel (tous services) . . . . $ 13.147.855   12.80 %

Frais généraux (non compris le personnel) matériel et entretien des services : Finances, Travaux Publics, Services d'intérêt social et économique. . . . .   14.247.425   13.90 —

Compte d'exploitation P. T. T. — T. S. F.
Centre Radioélectrique
Personnel. . . . . $ 5.638.590   } 10.071.550   9.80 —
Frais généraux . . . . . . 4.432.960   }

Travaux neufs   12.705.520   12.40 —
Trésorerie
Dette publique . . . . . . $ 3.641.800   }
Contribution aux dépenses de   } 15.532.900   15.10 —
l'Etat. . . . . 11891.100   }

B) *Extraordinaires*

Personnel . . . . $ 103.000   }
Défense militaire,   } 6.236.500   6.01 —
maritime et divers . . . . 6.123.500   }

73.941.750

Total auquel il faut ajouter : . . . . . .   15.320.550   11.94 —
Régies (opium, alcool et sel)
Subventions à divers budgets indochinois   15.353.700   15.05 —

pour arriver à : $104.616.000

On remarquera le caractère spécial des 2 derniers titres : Régies (approvisionnements opium, alcool et sel) et Subventions à divers budgets indochinois.

Nous reviendrons plus loin sur ce dernier point.

Le chapitre des recettes donne le tableau suivant :

RECETTES

A) *Ordinaires*

Douanes et Régies . . . . $ 79.911.000   77.87%
Enregistrement, domaine et timbre . . . . .   10.630.000   10.36 —
Compte d'exploitation P.T.T. — T.S.F. . . .   4.190.000   4.08 —
Trésorerie-Revenus de capitaux et produits divers   1.648.500   1.61 —

B) *Extraordinaires*

Prélèvement sur la Caisse de réserve . . .   6.236.500   6.08 —

Total. 102.616.000

Le pourcentage des recettes perçues par l'Administration des Douanes et Régies est supérieur à celui du tableau qui vient d'être lu, si l'on défalque, comme il serait normal de le faire, les recettes extraordinaires. La même remarque s'applique aux recettes de l'enregistrement, du domaine et du timbre.

Les pourcentages sont alors respectivement de 83 et de 11%, ce qui indique assez la prédominance dans notre système fiscal des impositions indirectes : Droit de douane, droit de consommation, taxe générale intérieure etc.... sur l'impôt direct.

Par comparaison avec le Budget de 1929, le projet pour l'exercice 1930 accuse : sur les dépenses totales une augmentation de 11.08%, sur les dépenses ordinaires, une augmentation de 10.89% presque comparable, sur les recettes totales à une majoration de 11,08%, sur les recettes ordinaires à une majoration de 10,88 — l'ordre de grandeur restera le même.

A la première vue on est étonné de trouver en recettes un prélèvement extraordinaire de $ 6.236.500 sur la caisse de réserve du Budget Général dont l'exposé des motifs a demandé le renforcement systématique. Il s'agit, avant la réalisation de l'Emprunt attendu, d'un dernier transfert de nos fonds de prévoyance et de trésorerie à nos fonds d'investissement — transfert dont la nécessité n'a pu être évitée et que les erreurs du passé ont légué au présent, parce que l'exercice 1930 s'appuie sur des ressources encore insuffisantes.

L'accroissement des recettes ordinaires qui est de $ 7.879.500 provient :

A) des droits de douane pour.......................... $ 1.734.000
    de la taxe de consommation et de circulation pour   1.770.000
    du produit des régies pour.......................... 1.739.000

B) des produits de l'enregistrement pour.............. 1.700.000
    de l'impôt sur le revenu des valeurs mobilières
    et de la taxe sur les Sociétés pour 900.000

et il est bien évident qu'en dehors des surtaxes et impôts nouveaux que nous avons adoptés, l'Administration attend des plus-values intéressantes d'une perception mieux faite.

Les majorations de dépenses sont très sensibles dans le cas des services financiers et des Douanes et Régies, où elles atteignent $ 2.931.450 mais dans cette somme il faut comprendre pour des approvisionnements au titre des régies un débours supplémentaire de : $ 2.349.550.

Les services d'intérêt social et d'intérêt économique bénéficient de dotations plus fortes respectivement de $ 209.795 et de $ 675.010.

Les travaux publics sont en avance de $ 1.691.910 et le crédit pour grands travaux neufs de : $ 645.000.

Le poste des subventions à divers budgets locaux marque un bond de : $ 1.547.850. Apparaît pour la première fois en recettes pour $ 1.250.000 (titre I, Douanes et Régies — Chapitre 6) et en dépenses pour $ 1.125.000, le fonds commun des routes indochinoises qui doit être alimenté par la surtaxe au droit de consommation sur les huiles minérales, autres que les huiles lourdes.

Points particuliers

1 · — Dépenses ordinaires

On trouve au chapitre 3 — Dette viagère - - à l'article 1er « abonde-ment des pensions des retraités en résidence à la Colonie » une dépense de $ 1.200.000 pour les pensions civiles et militaires et pour les pensions militaires d'invalidité et de guerre — Plus loin, au chapitre 7, — Contri-bution aux dépenses des pensions de l'Etat, articles 1er et 2 — on rencontre $ 750.000 pour les pensions des militaires indigènes de la guerre et de la marine.

Ce sont là des dépenses qui, sous réserve d'examen de détail, in-combent incontestablement à la Métropole. La Commission est persuadée que le Grand Conseil, comme elle-même, enregistrera sa protestation afin que le Gouvernement Général, de l'Indochine ne se lasse pas d'adresser à la Métropole des demandes réitérées en vue de faire cesser un état de choses qui n'est pas légitime et qui grève lourdement nos finances.

Il a été constaté que le concours apporté par le Budget Général à titre de contribution aux dépenses des légations, consulats et œuvres françaises à l'étranger, est important. Il atteint pour 1930:

$ 280.670 pour les consulats divers et
$ 33.830 pour les œuvres françaises à l'étranger.

Votre Commission, Messieurs, ne souhaite pas voir ces charges aug-menter mais bien plutôt, elle entend les voir diminuer et qu'elles soient restreintes aux consulats les plus proches. Elle a noté à ce sujet la suppression du crédit devenu inutile concernant l'attaché commercial de l'Indochine à San Francisco.

A propos de l'article 4 (Contribution fixée par la loi des finances) la participation aux dépenses de l'Agence générale des colonies (frs 1.157.565) qui fait dans quelque mesure double emploi avec l'Agence Economique de l'Indochine, a été jugée d'utilité relative.

Quant à l'avantage d'une contribution de 20.000 frs comme début, à la mission permanente d'Inspection des chasses des colonies (chapitre 9 article 2) il a été déclaré contestable et sa suppression pure et simple a été demandée.

Par contre, un conseiller annamite a attiré l'attention sur le service d'assistance morale et intellectuelle des Indochinois en France au même chapitre (Article 4) en exprimant le souhait qu'il dispose de ressources suffisantes.

Au chapitre 23, subventions, propagande et tourisme — Articles 2 et 3, la Commission a prié l'Administration de lui faire connaître chaque année l'affectation donnée aux subventions aux établissements scientifiques et d'enseignement (Frs 900.000 pour 1930) et aux subventions aux orga-nismes de propagande et de tourisme, d'intérêt colonial ou intercolonial (Frs 726.000 pour 1930).

Au chapitre 40, — Enregistrement, Domaine et Timbre — les augmenta-tions de solde ont attiré l'attention, mais elles sont justifiées par le renforcement des cadres. Quant aux nouveaux bureaux d'enregistrement qu'il y a lieu d'ouvrir, M. le Directeur des Finances s'en préoccupe à la fois dans le delta cochinchinois et dans le delta tonkinois.

Dans la partie du Budget consacré aux Douanes et Régies, la matière a été pour la première fois et pour plus de clarté répartie sous trois chapitres — Direction, Services sédentaires, Services actifs — qui réunis accusent une augmentation de $ 600.000 dûe surtout au remaniement des soldes indigènes.

Il a été suggéré de confier la perception des droits forestiers au service des Douanes et Régies afin de libérer les agents de ce service pour la surveillance technique qui leur incombe.

Profitant du chapitre 61 — Enseignement secondaire — deux conseillers ont prié M. le Directeur de l'Enseignement de faire rédiger, à l'usage des populations de Cochinchine des manuels spéciaux tenant compte des différences de langages. Il en est ainsi convenu.

Le chapitre 67 — Enseignement technique — Art. 6 — Ecole vétérinaire de l'Indochine — a permis à M. le Conseiller *Leconte* d'insister pour que l'enseignement, les concours et le recrutement des élèves soient régionalisés et surtout pour que le service soit placé sous la direction d'un inspecteur responsable. Il a été fait allusion aux pertes considérables subies cette année, en Cochinchine, par suite de la peste bovine et de l'insuffisance du cadre du service vétérinaire.

On peut espérer recevoir de l'Institut Pasteur de Nha-trang un nouveau vaccin à partir du 1er Janvier 1930.

Au chapitre 81 — la Commission a manifesté son étonnement que les hôpitaux militaires: hôpital Grall à Saigon, hôpital colonial à Haiphong, restent à la charge des Budgets locaux et que l'hôpital de Lanessan soit à la charge du Budget général alors que la dépense devrait normalement incomber à la Métropole.

Remarque analogue à propos du service médical à la Nouvelle Calédonie et aux Nouvelles Hébrides (chapitre 82 — Inspection Générale du Travail — Article 8).

Votre Commission a noté, lors de l'examen des chapitres 91 — 97 relatifs à l'Inspection Générale de l'Agriculture, de l'Elevage et des Forêts, que l'intention de l'Administration était de créer dans un bref délai des syndicats d'irrigations, là où des travaux d'Etat ont à la fois stabilisé et augmenté les récoltes.

C'est un principe en effet que l'enrichissement fortuit donne lieu à un impôt calculé sur la plus-value des terres. A supposer que l'on n'aille pas aussi loin en Indochine, il serait excessif que le service annuel rendu par la distribution de l'eau ne donne pas lieu à une imposition particulière ou à une surtaxe sur les usagers.

La lecture du chapitre 101 consacré à l'aéronautique civile qui fait ressortir un crédit supplémentaire de $ 375.000, outre ceux qui seront affectés à titre extraordinaire pour l'établissement d'une base d'hydravion à Saigon, a donné lieu à un intéressant exposé.

Un gros effort sera accompli au cours de l'année pour préparer l'infrastructure des lignes prévues: Vientiane - Vinh, Hanoi - Saigon et l'Indochine sera prête au moment où la liaison directe avec la Métropole via Birmanie et les Indes sera possible en 1931, les Anglais, déclarant ne pas devoir être prêts avant cette époque, n'autorisent pas encore le vol sur leur territoire.

Le Budget des P.T.T. est un budget dont les dépenses ont considérablement augmenté en raison des besoins et dont le coefficient d'exploitation est très élevé. Il y a pénurie de personnel. La Commission a été surprise d'entendre dire qu'un fonctionnaire du cadre métropolitain peut refuser de servir sous les ordres d'un fonctionnaire du cadre local de grade supérieur. C'est une anomalie que l'Administration se doit et demande comme la Commission de faire disparaître.

En Annam la poste rurale (Chapitre III Art. 2) a besoin d'être organisée.

La question des routes est d'importance vitale pour les pays neufs, tel le Laos où l'on demande la priorité d'entretien pour la route des mines et la route coloniale no 9 (Dong-ha — Savannaket) qui permet à toute une région de communiquer avec l'extérieur.

Que l'on dépense au Laos toutes les sommes prévues pour ses routes par ordre d'urgence, car ses besoins sont grands.

Il en va de même pour certains ports cotiers, tel celui de Vinh - Benthuy.

Au chapitre 129 — crédit provisionnel pour frais de frappe et de change, la pénurie de monnaies divisionnaires est signalée de divers côtés. A ce propos, M. le Directeur des Finances annonce un arrivage de piastres 300.000 par le « Chantilly » qui a quitté Marseille le 13 Octobre et la mise en train d'une frappe nouvelle de pièces de 10 et 20 cents.

A vrai dire, Messieurs, le résumé très rapide et incomplet que nous venons de donner ne peut qu'effleurer les observations auxquelles l'examen du budget a servi de motif.

La marche qui eut dû être suivie par le Grand Conseil pour manifester explicitement ses désiderata en matière budgétaire, aurait dû, conformément à l'esprit du décret du 4 Novembre 1928, procéder par ajoute et par suppression de crédits.

Nous ne l'avons pas fait pour des motifs de prudence faciles à comprendre, sauf en trois cas :

Au chapitre 122 — Travaux d'entretien, article 2, Navigation maritime, il a été proposé de porter le paragraphe 5: ports cotiers de l'Annam, de $ 6.400 à $ 7.400 pour marquer notre intention de voir le service des Travaux Publics apporter toute l'attention nécessaire à la question préoccupante du port de Vinh — Benthuy.

A cette majoration de crédit a été opposée une réduction équivalente à l'article 4 du même chapitre, Bâtiments Civils.

La Commission nautique attendue prochainement en Indochine étudiera la situation particulière de Vinh — Benthuy.

Au chapitre 136 — Travaux neufs — Bâtiments Civils, Article 1, le crédit provisionnel de $ 10.000 — inscrit pour 1930, pour amorcer la construction d'un palais pour le Grand Conseil, n'a pas été retenu cette année. La Commission a estimé que cette dépense n'avait pas un caractère d'urgence.

Il restait aussi une disponibilité de 10.000 piastres qui ira à la route coloniale no 18 (Bacninh à Tienyen et Moncay) pour laquelle aucun crédit n'avait été porté au chapitre 125 article 18.

Ces légères modifications ont été acceptées par l'Administration.

2 — Dépenses extraordinaires

Ces dépenses sont portées aux dernières pages du projet du Budget général.

Ce sont des dépenses d'ordre militaire : Matériel et constructions, bâtiments et constructions et routes stratégiques, représentant une masse de :

$ 4.478.500. Nous les avons justifiées d'un mot tout à l'heure en écrivant que défense et sécurité passent avant opulence.

Mais à côté de ces dépenses nous trouvons au titre de l'Exposition Coloniale Internationale de Paris de 1931 une prévision de $ 1.598.000 — un beau denier, Messieurs. C'est une contribution particulièrement onéreuse si l'on admet avec plusieurs d'entre nous que les résultats de ces manifestations à caractère général sont décevants et nullement comparables à la mise de fonds faite. Ces expositions qui reviennent périodiquement, constituent un luxe, luxe de constructions provisoires, luxe de fonctionnaires en mission dont le travail est sans lendemain, luxe de transports et de propagande — alors que la meilleure propagande est celle qui découle du développement de l'Indochine, de ses services d'intérêt social pour lesquels il y a encore tant à faire, de ses services d'intérêt économique etc...

Ne soyons point prodigues du produit de l'impôt qui, pris dans sa masse, est pour bonne partie constitué par l'apport de populations pauvres.

Mais que dire, Messieurs, du chapitre E-7, article 2 (page 714) $ 80.000 Contribution de l'Indochine à la réédification de l'Ecole Coloniale et du commentaire explicatif qui se lit au pied de la même page.

« Le Président du Conseil d'Administration de l'Ecole Coloniale a saisi le Gouvernement Général de l'Indochine d'un projet de réédification de l'Ecole Coloniale etc...

La dépense totale serait de 24.000.000 francs dont la moitié *sera* supportée par l'A. O. F. et Madagascar ; le surplus des ressources nouvelles est demandé à l'Indochine.

Un crédit *indicatif* de 80.000 piastres a été inscrit à ce titre au présent budget ».

Votre Commission n'a pas demandé la suppression pure et simple de l'inscription de $ 80.000 et elle ne soutient pas que l'Indochine n'a pas à concourir, dans un ordre de grandeur raisonnable, à l'édification d'un bâtiment approprié aux besoins de l'Ecole Coloniale «Alma mater» d'une pléiade d'administrateurs brillants.

Par contre elle considère une dépense de 12.000.000 francs comme hors de proportion avec ce que l'Indochine doit et peut faire.

Elle demande au Grand Conseil de manifester nettement son sentiment sur ce point.

3 — Plan de campagne — Tableau des droits et produits

Ayant examiné les chapitres des dépenses du projet de Budget général pour 1930 votre Commission a porté son attention sur les plans de campagne.

La discussion a permis à plusieurs Conseillers de demander des précisions utiles dans le cas notamment des Postes, Télégraphes et Téléphones et du Service Radiotélégraphique.

Les travaux neufs en matière d'hydraulique agricole et de Navigation ont été pour un conseiller annamite, particulièrement qualifié, l'occasion de faire ressortir que l'activité des Dragages en Cochinchine serait facilement étendue, si des ressources nouvelles étaient disponibles.

Le programme de travaux en cours porte sur une période de 8 ans (1928-1935) et le Conseil Colonial de Cochinchine l'a approuvé. Il comporte l'exécution d'un minimum de travaux s'élevant pour chaque exercice à $ 1.270.000 dont 1.200.000$ au compte du Budget général, mais un effort supplémentaire est souhaitable.

Des terres alunées ont besoin de drainage, les travaux de culture demandent en certaines régions à être facilités par l'amenée des eaux qui permettrait le repiquage hâtif des riz flottants, enfin des canaux de chasse sont nécessaires pour atténuer l'effet des inondations et des pertes importantes, telles celles récemment subies en Cochinchine et dues aux crues exceptionnelles du Mékong.

On désire que, par voie de prélèvement sur la 2e tranche de l'Emprunt intercolonial, la dotation des travaux de dragage en Cochinchine soit augmentée.

On demande aussi que la Société française des Dragages et de Travaux publics complète son outillage comme elle en a pris l'engagement.

Mais revenons aux plans de campagne et au plan des grands travaux neufs à exécuter sur fonds d'emprunt.

La Commission a rappelé que la prévision de la dépense totale envisagée doit être donnée pour chaque travail en même temps que l'inscription pour l'exercice et l'échelonnement prévu sur les années subséquentes. Mais pour aménager les dépenses dans le temps, il faut que les contrats soient passés.

L'Administration s'efforcera nonobstant de fournir tous renseignements de nature à permettre au Grand Conseil de juger quelle est l'importance des engagements découlant des travaux en cours de réalisation et portés au budget.

4· — Recettes ordinaires

Le développement des recettes ordinaires porte sur deux services principaux, celui des Douanes et Régies dont le caractère prédominant en matière fiscale vous a déjà été signalé et celui de l'Enregistrement, des Domaines et du Timbre dont l'importance tend manifestement à accroître et sera augmentée dès demain par l'effet des mesures fiscales que le Gouvernement a soumises à nos délibérations et que nous avons adoptées.

Sur les majorations de recettes demandées au contribuable indochinois en 1930, les Douanes et Régies apporteront :

$ 3.365.000

compte non tenu de la surtaxe sur les huiles minérales, et l'Administration de l'Enregistrement, des Domaines et du Timbre apportera :

$ 2.670.000.

Notre Budget, au compartiment des recettes continuera donc à présenter les mêmes caractéristiques, tant en ce qui concerne la répartition des impôts suivant leur nature qu'en ce qui touche les instruments de la perception. Le moment ne saurait être cependant éloigné où la mise en vigueur de taxes spéciales entraînera la formation de cadres de perception nouveaux et qualifiés.

Car, dans les éléments divers dont la réunion constitue notre système fiscal actuel, on trouverait facilement des lacunes que l'Administration considère sans doute comme des réserves pour l'avenir.

Des lacunes, nous en trouvons aussi dans les revenus de capitaux (titre IV) et dans les produits divers (titre VI) et notamment au chapitre 27 des redevances des compagnies concessionnaires de services publics.

C'est sans doute sous cette rubrique ou dans une rubrique voisine que figureraient les redevances de la Banque d'émission, si son statut en suspens depuis trop longtemps, devait enfin être fixé ainsi que le conseillent les intérêts financiers de la Colonie, la bonne organisation du crédit et la continuité de notre développement économique.

Nous voyons au contraire au chapitre 27 une différence en moins pour le budget de 1930 de $ 486.000, due à la prévision réduite qui a été faite pour la part de la Colonie dans les bénéfices du chemin de fer de Haiphong à Yunnanfou. La situation troublée de la province chinoise voisine n'explique que trop cette réduction probable de nos recettes — car de la province du Yunnan, on peut dire comme de tant d'autres du Sud et du Nord, chaque fois qu'un parti cède la place à un autre : « et après il y eut plus d'anarchie et de troubles qu'avant », mais la situation au Yunnan a tout au moins l'excuse d'être plus difficile à aménager qu'ailleurs.

Passons. Les recettes extraordinaires — qui sont uniquement représentées par un prélèvement extraordinaire sur la Caisse de réserve au Budget Général — ont déjà fait l'objet d'un commentaire.

Quelques chiffres permettent d'apprécier mais très sommairement la progression de certaines recettes, les produits des régies étant mis à part, en remontant à 1925. On trouve :

Droits de Douane

1925	$ 9.480.067	Droit à l'importation, à l'exporta-
1926	14.090.973	tion, de transit, de statistique, d'en-
1927	21.545.339	trepôt et sur les huiles minérales
1930 (prévisions)	23.592.000	et taxe de navigation.

Produits de l'Enregistrement

1925	2.774.047
1926	3.007.151
1927	4.463.609
1930 (prévisions)	6.330.0.0

mais ces années sont faussées par les variations monétaires et pour se rapprocher de plus près de la vérité, il conviendrait aussi de tenir compte des variations dans les prix et par conséquent de faire intervenir les nombres indices.

Tels quels, ce tableau dénote cependant une très rapide progression qui permet d'écrire que certaines impositions tels les droits de douane proprement dits ont atteint leur sommet.

Les dépenses du Service des Douanes et Régies pendant la période considérée : Personnel, approvisionnement ou autres n'ont au surplus pas suivi une hausse comparable aux recettes, tant s'en faut, car nous trouvons en :

1925	$ 20.106.894
1926	21.564.235
1927	21.364.220
1930 (prévisions)	23.024.100

chiffres qui englobent, notons-le, les régies.

Il est un service par contre dont les dépenses accusent une progression impressionnante, c'est celui des P. T. T. auquel nous adjoignons le service radioélectrique et le centre radio-électrique de Saigon.

Pour en juger consultons le tableau suivant en discernant avec soin les diverses rubriques :

	1925	1926	1927	1930 (prévisions)
Personnel	$ 2.829.778	3.122.514	3.398.443	4.709.300
Matériel ....,.	271.352	401.081	512.357	756.540
Transports postaux.	493.076	651.461	745.384	925.220
Construction des lignes etc.	51.911	151.141	620.574	302.300
	3.646.117	4.326.197	5.276.758	6.693.360

	1925	1926	1927	1930 (prévisions)
Service radio-électrique	357 730	387.286	584.630	737.590
Centre radio-électrique de Saigon.	647.096	597.868	663.536	640.600
	4.650.933	5.311.351	6.524.924	8.071.350

Ces deux derniers postes absorbent beaucoup d'argent et il est évident que les relèvements, devenus nécessaires, des soldes du personnel indigène ont singulièrement aggravé les charges des P.T.T.

Ce personnel recevait en 1925 :

P.T.T. . . . . \$ 1.397.251
Service radioélectrique. 284.541
Centre radioélectrique. . . . . 25.270   Total..... 1.707.062

Il recevra en 1930 :

P.T.T. . . . . \$ 2.486.930
Service radioélectrique. 516.390
Centre radioélectrique. . . . . 259.200   Total..... 3.262.520

Les recettes accusent une progression intéressante qui n'est cependant pas strictement parallèle

P.T.T. . . . . }
Service radioélectrique. . . . . . . } \$ 2.313.352
Centre radioélectrique de Saigon. . . }
en 1925, à :

P.T.T. . . . . \$ 3.470.000
Service radioélectrique. . . . . . }
Centre radioélectrique . . . . . . }   720.000   Total: 4.190.000
Prévisions pour 1930 :

La productivité de ces trois services s'augmentera dans l'avenir. Il n'y a nulle raison pour qu'il n'en soit pas ainsi si nous les dotons d'un matériel suffisant et moderne.

VIII. — Projet de Budget de l'exploitation des Chemins de fer

Au cours de l'examen chapitre par chapitre (du Budget de dépenses — Exercice 1930) le plan de campagne avait fait l'objet de fréquentes interventions. Toutefois, les questions concernant les Chemins de fer avaient été laissées à part.

Il convient d'y revenir brièvement puisqu'aussi bien les chemins de fer de l'Indochine donnent lieu à un budget annexe.

La longueur des lignes exploitées par la Colonie au 1er Juin 1929 est de 1.535 kilomètres et n'a varié qu'à la suite de la mise en service du tronçon de 5 kilomètres: Section Dran - Arbre broyé - ligne du Lang-Bian.

Dans l'état actuel de nos voies ferrées, il y a deux solutions de continuité:

De Tourane à Nha-Trang, là la liaison est assurée par les automobiles de la Société des transports du Centre-Annam.

De l'Arbre broyé à Dalat, ici la liaison est faite par les véhicules d'une entreprise locale.

Votre Commission a reconnu l'importance qui s'attache au bon fonctionnement de la jonction par route: Tourane-Nhatrang, non seulement au point de vue du transport du courrier et des voyageurs par service accéléré mais aussi du transport des voyageurs indigènes, voire même des travailleurs et des coolies, de façon à assurer avant même l'achèvement de la voie ferrée, un mouvement régulier dans les 2 sens, à des conditions aussi bon marché que possible.

*
* *

Pour déterminer les caractéristiques du budget de 1930, il est intéressant de considérer ce qu'elles furent en 1928.

A) Le tarif moyen du voyageur kilométrique est de: 0,0102, le nombre de tonnes kilométriques de 73.222.865 et le tarif moyen de la tonne kilométrique de 0,0291.

B) Le total des recettes est de : $ 4.958.981 --

Celui des dépenses de : $ 4.361.000 — ce qui donne en faveur des recettes : $ 597.981, mais si on décompose ce chiffre, on voit qu'il est constitué par :

Excédent des recettes: Réseau Nord . . . . $ 622.444
Excédent des dépenses: Réseau Sud . . . . $ 24.463

Net: 597.981

C) Les recettes par kilomètre sont de : $ 3.236 —

Les dépenses par kilomètre de : $ 2.846 et le coefficient d'exploitation ressort à 0,88, étant de 0,80 pour le Réseau Nord et de 1,014 pour le Réseau Sud.

La situation du Réseau Nord a été grandement améliorée par la mise en service de la section Vinh — Dongha qui a vu ses recettes augmenter sensiblement au moment même où les autres lignes du Réseau Nord enregistraient des excédents sur le trafic des voyageurs.

La situation du Réseau Sud est beaucoup moins satisfaisante. Il y a augmentation sur la ligne Saigon — Nhatrang portant pour moitié sur les marchandises, pour moitié sur les voyageurs. Par contre, la ligne Saigon — My-tho voit ses recettes diminuer et la baisse du trafic continue.

L'exploitation de cette ligne qui a le caractère d'un tramway, appelé à transporter à peu près uniquement des voyageurs et un peu de matières pondéreuses est entravée par la concurrence de la route et des automobiles de transport en commun qui vont chercher et drainer les passagers dans toutes les provinces de l'Ouest cochinchinois.

My-Tho n'est plus et ne peut prétendre à redevenir le centre de communication qu'il était à l'origine et il en sera ainsi aussi longtemps que la ligne actuelle n'aura pas été prolongée vers Can-Tho, Bac-Lieu au-delà.

Les projets qui ont été étudiés dans ce but et dont la réalisation est prévue dans le cadre d'une exploitation de tramways, c'est-à-dire d'une ligne d'intérêt local méritent de retenir la meilleure attention de l'Administration et appellent une prompte solution.

Les tarifs de marchandises, lisons-nous, dans la note préliminaire du budget ne répondaient plus aux conditions économiques actuelles et des taxes beaucoup plus normales, comprenez : plus élevées, seront appliquées.

Or il est essentiel que ces taxes soient suffisamment réduites pour ne pas entraver ou détourner le trafic existant et aussi pour l'augmenter.

A ce propos, votre Commission a entendu les protestations de plusieurs membres qui ont fait valoir les exagérations de récents relèvements de tarifs et demandé une modification à laquelle du reste M. l'Inspecteur Général des Travaux Publics ne s'est pas montré opposé.

La pénurie de wagons occasionne des plaintes très vives et l'Administration se doit sur ce point de continuer à prendre toutes mesures pour renforcer son matériel de traction et de transport, bref de donner satisfaction aux usagers.

Les recettes du Réseau Sud ont été évaluées à : $ 1.983.000 pour 1930

Celles du Réseau Nord de : $ 3.500.000

Les dépenses brutes s'élèvent à :

    Direction..............$ 86.600
    Réseau Sud..........$ 2.151.680
    Réseau Nord.......,$ 3.156.900
    Imprévues...........$ 90.820

    Total................$ 5.483.000, balançant exactement les recettes.

*
* *

Le coefficient d'exploitation probable serait de : 0.906 c'est-à-dire que l'exploitation, compte non tenu des frais de premier établissement, couvre à 10% près les dépenses annuelles de même nature, les recettes et les dépenses étant dans le rapport de : 100 et de 90.

IX. — Projet de budget du territoire
de Kouang-Tchéou-Wan

Avant d'aller plus loin, il convient de donner quelques instants au projet de budget pour le territoire à bail de Kouang-Tchéou-Wan.

Les remarques faites plus haut à l'occasion de la province du Yunnan s'appliquent tout aussi bien à celle du Kouang-Si qui entoure notre établissement de Fort-Bayard.

Aussi la situation du bagdet est-elle sensiblement comparable à celle des exercices précédents.

Les prévisions de recettes sont inscrites pour $ 717.000, y compris la subvention du Budget Général soit $ 400.000 et les dépenses se totalisent à la même somme:

Subvention au budget du centre urbain de Tchékam.	5.000
Dépenses politiques.	3.800
Dépenses d'administration générale.	360.010
Justice.	28.100
Services financiers.	14.400
Dépenses d'intérêt social.	78 550
Travaux Publics.	171.890
Dépenses communes	55.250

Total............$ 717.000

On sait combien il est difficile de développer la matière imposable et d'atteindre le contribuable sur le territoire.

Nous aimerions voir cependant les dépenses d'intérêt social recevoir quelque attention, notamment dans le département de l'enseignement.

La population chinoise paisible et laborieuse qui cherche abri sur notre territoire saurait apprécier et profiter de tout effort dans ce sens.

X. — Conclusion

Messieurs, J'ai fait passer devant vous les points saillants, et aussi nombre de points de détail, que l'étude du Budget de l'Indochine pour l'exercice 1930 a mis en lumière.

Il me reste à développer maintenant deux sujets d'importance grande que j'ai abordés au passage, au cours de cet exposé, mais auxquels il convient en terminant de donner plus de relief L'un touche nos rapports financiers avec la mère-patrie, l'autre concerne nos rapports entre nous.

Parmi les dépense de l'exercice 1930, notre contribution aux dépenses de l'Etat représentera, en partant des chiffres que j'ai déjà donnés au tableau des dépenses ordinaires:

$71, 891.100, soit 16,50°/₀ des dépenses ordinaires et extraordinaires, compte non tenu des dépenses d'approvisionnement des Régies et des subventions à divers Budgets indochinois.

Ces subventions ont pour unique objet de rétablir l'équilibre des budgets dont il s'agit. Quant aux dépenses d'approvisionnement des Régies elles grandissent d'autant les recettes et nous pouvons les considérer comme compensées avec un même total d'impôt.

Il apparaît donc que la contribution que l'Indochine apporte aux dépenses d'Etat atteint: 16,50 °/₀ de son Budget général, quand on en sort les éléments qui n'y sont incorporés que pour ordre.

C'est un pourcentage exceptionnel mais constant dans nos budgets et d'autant plus anormal que l'Indochine a accepté de supporter pour le plein les dépenses que nécessite sa mise en état de défense et de protection :

$ 4.478.000 pour le Budget de 1930.

Mais il faut faire une discrimination et personne d'entre nous ne soulèvera d'objection à priori contre la partie de notre contribution qui figure sous la rubrique :

Contribution obligatoire :

$ 2.319.330	en	1925
1.760.300	en	1926
2.550.000	en	1927
2.777.500	en	1930

mais que dire du solde de cette contribution qui rentre dans les Dépenses facultatives ? :

$ 6.732.330	en	1925
8.344.746	en	1926
7.950.480	en	1927
8.480.600	pour	1930

Dans ces dépenses, Messieurs, les unes ont été acceptées bénévolement par l'Indochine, et les autres ont été rendues inévitables par les circonstances mais presque toutes sont du ressort de la Métropole.

Réunies la contribution obligatoire et les dépenses facultatives s'élèvent à :

$ 9.051.464	en	1925
10.105.046	en	1926
10.500.680	en	1927
11.258.100	en	1930 (Prévisions)

Elles sont reprises au tableau annexe ci-joint.

Le Grand Conseil des Intérêts Economiques et Financiers de l'Indochine faillirait à son nom et à ses obligations si dès sa première session, il ne demandait pas qu'une plus juste et plus rationnelle répartition de ces dépenses soit faite.

CONTRIBUTIONS AUX DÉPENSES DE L'ÉTAT

(Au cours des années 1925-1926-1927 et prévisions pour 1930).

	1930		1927		1926		1925	
Contributions obligatoires								
Dépenses de la Métropole en Indochine	2.671.650		2.495.000		1.723.300		2.272.450	
Aéronautique militaire	58.350		55.000		37.000		46.880	
Entretien des médecins et infirmiers de la relève	22.500		—		—		—	
Formation des officiers géodésiens	5.000	2.777.500		2.550.000	—	1.760.300	—	2.319.330
	2.777.500	2.777.500	2.550.000	2.550.000	1.760.300	1.760.300	2.319.330	2.319.330
Dépenses facultatives								
Armée :								
Abondement de solde et allocations diverses	6.418.300		5.781.648.72		6.351.306.64		5.176.523.58	
Indemnité exceptionnelle	—		136.059.21		282.411.12		165.186.76	
Secours et contributions diverses	—		23.884.42		76.783.60		3.320.88	
Matériel	—		561.823.54		—		—	
Abondement des pensions des militaires indigènes	750.000	7.168.300	579.774.68	7.083.190.57	698.908.83	7.409.419.19	755.933.60	6.100.964.82
Aéronautique								
Personnel	393.400		67.315.12		74.124.95		66.043.04	
Matériel	—		28.991.76		70.920.93	145.045.88	83.869.12	149.912.16
Lignes de transport. Aménagement des bases	44.500	437.900	66.611.21	102.918.09	—		—	
Gendarmerie	—		—					
Direction de la Gendarmerie	—				7.778.98	157.778.98	8.130.78	8.130.78
Divers								
Mises hors d'I.C. de personnel indigène	—		—		9.808.57	9.808.57	11.651.03	11.651.03
Marine								
Frais de mission hydrographique	18.600		9.772.43		6.902.22		6.684.11	
Entretien des bâtiments détachés de la colonie	190.000		72.307.60		96.186.27		65.169.17	
Abondement de soldes	417.700		377.485.92		611.006.72		332.479.08	
Divers — Indemnité au personnel de passage en séjour prolongé à Saigon	38.100		4.248.82		(4.564.98		5.414.33	
Grosses réparations aux appontements	200.000	864.400	243.042.47	706.857.24	(13.315.20	731.975.39	11.292.30	421.039.69
Arsenal								
Dépenses exercice clos	10.000	10.000	57.714.42	57.714.42	40.726.72	40.726.72	40.435.52	40.435.52
	8.480.600	8.480.600	7.950.680.32	7.950.680.32	8.344.745.73	8.344.745.73	6.732.134.00	6.732.134.00

RÉCAPITULATION

	1930	1927	1926	1925
Dépenses obligatoires	2.777.500	2.550.000	1.760.300	2.319.330
— id — facultatives	8.480.600	7.950.680	8.344.746	6.732.134
— id — totales	11.258.100	10.500.680	10.105.046	9.051.464

Il compte sur la persévérante insistance du Gouvernement Général pour faire valoir sur ce point avec force les revendications de l'Indochine, dont il est ici l'interprète.

Au titre III du projet du Budget Général sont énumérées les subventions à divers budgets, savoir :

Cochinchine	$ 2.300.000
Tonkin	4.737.870
Annam	3.600.000
Cambodge	991.330
Laos	2.472.000
Total	$ 14.101.200
Territoire de Kouang-Tchéou-Wan	400.000
Budgets municipaux	508.500
Budgets autonomes	344.000
Total général	$ 15.353.700

Il a été dit au début de ce rapport, Messieurs, que l'aide aux divers pays de l'Union devait être en fonction de leurs besoins et notre Assemblée ne le conteste pas un seul instant. Aussi n'y a-t-il pas lieu de considérer les pourcentages de la répartition.

Mais votre Commission s'est élevée une fois de plus contre le système des subventions aux Budgets locaux. Elle ne s'est pas arrêtée à la méthode des ristournes, amorcée il y a quelques années et abandonnée presque aussitôt malgré des promesses, semble-t-il, formelles et dûment constatées.

Elle a simplement redit à son tour que la méthode des subventions à cause de son caractère aléatoire et unilatéral devait être abandonnée. Elle a pensé que le système des ristournes ne valait peut-être guère mieux à cause des difficultés insurmontables depuis l'application.

Mais les errements actuels qui, nous l'avons dit plus haut, n'établissent aucun lien d'intérêt entre les Budgets locaux et le rendement des impôts, qui faussent la physionomie de ces budgets en laissant à leur charge des dépenses d'ordre général alors qu'ils ne peuvent bénéficier que d'impôts locaux, ces errements doivent disparaître.

Aussi bien, Messieurs, l'Administration dans l'exposé des motifs du Budget nous a-t-elle confié que par l'établissement de Budgets provinciaux, elle se propose de mettre à même les diverses unités administratives de l'Indochine de faire face à leurs besoins propres.

Chaque pays a les siens et doit bénéficier de ressources particulières suffisantes. Chaque pays doit avoir un intérêt direct fiscal dans son développement économique et dans les efforts qui lui sont demandés en matière de perception.

Nous remercions Monsieur le Directeur des Finances de donner toute son attention au problème des budgets locaux — c'est-à-dire à leur dotation, à leur autonomie, à leur contrôle et enfin à leur équilibre.

Nous souhaitons, ainsi que l'Administration nous le promet, être mis en présence de solutions concrètes et appropriées en 1930 si possible.

La réorganisation financière qui doit se poursuivre au cours des prochains exercices ne sera complète que le jour où le problème des Budgets locaux aura disparu.

*
* *

J'ai presque terminé.

En nous parlant du nouveau tarif douanier indochinois, Monsieur le Gouverneur Général nous a dit qu'il y voyait une "première tentative de compromis entre la protection légitime des industries métropolitaines et les besoins propres de l'Indochine".

Nous avons lu dans l'exposé des motifs du budget qu'à l'occasion du futur Emprunt Colonial, l'Indochine bénéficierait de concessions dont il faut savoir gré à la Métropole. Nous avons remarqué également que M. le Directeur des Finances avait obtenu du Département l'apurement de comptes depuis longtemps en suspens et cela pour le plus grand bien de notre trésorerie et de nos finances.

Ce sont là de précieux indices d'un esprit plus libéral qui coïncident heureusement avec l'institution du Grand Conseil des intérêts économiques et financiers dé l'Indochine.

Nous constatons enfin qu'en matière fiscale, en matière budgétaire ,un effort considérable et raisonné est commencé, dont on ne sait s'il faut louer davantage le coté technique ou la clarté.

Cet effort se poursuivra demain. A nous, Messieurs, de le faciliter et de nous y associer, pendant que, sous la protection française, l'évolution de l'Indochine continue, évolution féconde en bienfaits.

Le Rapporteur
Paul Gannay.

TABLE DES MATIÈRES

www.ingramcontent.com/pod-product-compliance
Ingram Content Group UK Ltd.
Pitfield, Milton Keynes, MK11 3LW, UK
UKHW022207070726
13613UKWH00004B/1514